HACER ALIMENTOS LACTO-FERMENTADOS FÁCIL✅ MENTE

uko Ozawa
Stéphanie Rowley-Perpete

terapiasverdes

Título original: *Je fais mes aliments lacto-fermentés, c'est parti!*
Editor original: Éditions Jouvence, Saint-Julien-en-Genevoix, Francia,
Genève, Suiza
Traducción: Nuria Viver Barri

1.ª edición Septiembre 2018

ISBN: 978-84-16972-51-7
E-ISBN: 978-84-17312-50-3
Depósito legal: B-20.748-2018

Fotocomposición: Ediciones Urano, S.A.U.

Impresión: LIBERDÚPLEX
Ctra. BV 2249 Km 7,4 – Polígono Industrial Torrentfondo
08791 Sant Llorenç d'Hortons (Barcelona)

Impreso en España – *Printed in Spain*

Las autoras

Yuko Ozawa es chef y consejera en macrobiótica, y también practica el masaje shiatsu. Creció en un pueblecito costero de la península de Izu, en Japón, donde abundan los productos frescos de la tierra y el mar, y allí tomó conciencia de las virtudes de una alimentación local, natural y de temporada. Pero, además, las debilidades de su propio aparato digestivo la condujeron a interesarse por una cocina que favoreciera la absorción de los nutrientes. Así fue como se desarrolló su pasión por los alimentos fermentados, que su abuela preparaba con métodos tradicionales japoneses. Yuko da regularmente conferencias en las que comparte sus recetas con el público, para iniciarlo en los placeres de la cocina y transmitirle su experiencia personal de la cocina holística. El leitmotiv de Yuko en cocina es «prepararlo todo con amor y gratitud».

Página de Instagram: Lapis_Natural_Kitchen
Página web de la autora: https://lapisnaturalkitchen.wordpress.com

Stéphanie Rowley-Perpete es una apasionada de los libros. Después de haber trabajado durante varios años en el ámbito de la edición, en París y en Londres, actualmente traduce obras del inglés al francés. Sus temas preferidos son el bienestar, la salud y la psicología. Yuko y Stéphanie se conocieron en Doha, Qatar. Las dos comparten un mismo interés por la alimentación y el yoga. En los bentos de Yuko —comidas preparadas en cajas compartimentadas tradicionales en Japón— Stéphanie descubrió los beneficios de los alimentos lactofermentados. Reparte su tiempo entre sus dos hijos, la traducción, el yoga y el paddle.

Me llamo...

....

y me comprometo a...

....

....

Hoy me comprometo a prestar más atención a mi cuerpo y a mi bienestar, comiendo alimentos más sanos, que me esforzaré por preparar yo mismo. Me comprometo a hacer esto respetando las estaciones del año y poniendo una atención especial en el origen de las materias primas que utilizo, ¡y todo con buen humor!

¡ADVERTENCIA

¿Los alimentos fermentados pueden ser perjudiciales?

Sí, si eres una mujer embarazada; si tomas antibióticos; si padeces una candidiasis grave. Sigue siempre los consejos de tu médico.

En general, los productos fermentados de forma natural mejoran los síntomas de las personas que padecen un desequilibrio de la microbiota intestinal o trastornos intestinales crónicos. Pero, en los casos graves, es importante consultar siempre al médico.

FÁCIL
MENTE

Índice

Primera parte
Todo sobre los alimentos fermentados

Segunda parte
¡A vuestros tarros!

Las recetas de esta obra

Introducción

Mala alimentación, productos industriales denigrados, demasiada sal, demasiado azúcar, dolor de barriga, problemas digestivos… ¿Te recuerda algo?

En un mundo en el que la comida basura está presente en todos los rincones de la calle, cada vez más personas buscan una alimentación más sana y más natural. Va creciendo la desconfianza hacia los productos industriales, a menudo muy ricos en sal, en conservantes y otros aditivos, pero muy pobres desde el punto de vista nutritivo. Por no hablar de los problemas de salud relacionados con una alimentación de mala calidad o mal adaptada.

¡BASTA! ¿Quieres recuperar el sabor de los alimentos, la calidad, una alimentación sana y nutritiva? **Los alimentos lactofermentados pueden ayudarte. Estos alimentos, muy apreciados en los países asiáticos, donde se come de manera sana, tienen el viento de cara y además son muy fáciles de preparar en casa.**

En esta guía práctica, descubrirás **un tipo de alimentación respetuosa con tu salud, fácil de realizar y accesible a todos!** Aprenderás, en este mundo demasiado aséptico, a recuperar el contacto con esas pequeñas bacterias contenidas —entre otros— en los alimentos lactofermentados, que son beneficiosas, pero que nos pasamos demasiado tiempo combatiendo.

Pero, ¿qué se oculta detrás de esta denominación un tanto científica que da un poco de miedo? ¿Qué es un alimento lactofermentado? ¿Un yogur? A veces, pero no solamente eso. La primera parte de esta obra te dirá **todo lo que debes saber sobre los productos lactofermentados:** descubrirás su espectro muy amplio y sus numerosas virtudes, pero también los métodos de fabricación y el principio de la esterilización.

Si padeces problemas intestinales leves o graves, o simplemente sientes curiosidad por probar este tipo de alimentos, las 12 recetas propuestas en la segunda parte alegrarán a unos y otros. Del tradicional chucrut a los encurtidos de verdura, pasando por el *miso* más exótico, **te guiaremos, paso a paso, en la fabricación y la conservación de estos alimentos lactofermentados.** Aprenderás el principio de la **esterilización, todos nuestros trucos y consejos prácticos, para convertirte en un hacha en el tema.** Y para multiplicar los placeres, te ofrecemos 20 recetas suplementarias y originales para ayudarte a integrar estos alimentos lactofermentados en tu cocina, día a día.

En resumen, **los alimentos lactofermentados son aliados importantes de nuestra salud, muy fáciles de preparar, respetuosos con el medio ambiente y muy baratos.** ¿Qué más se puede pedir? Con esta obra en la mano, ya no hay ninguna razón para dudar, nos lanzamos con alegría y buen humor. ¡Buena lactofermentación para todos!

CUESTIONARIO

¿Qué sabes de los alimentos lactofermentados?

1. La fabricación de un alimento lactofermentado requiere necesariamente un producto lácteo.

☐ *Verdadero* ☐ *Falso*

2. La fabricación de un alimento lactofermentado requiere técnicas y un equipamiento especiales.

☐ *Verdadero* ☐ *Falso*

3. Se necesitan varias semanas para fabricar un alimento lactofermentado. ☐ *Verdadero* ☐ *Falso*

4. Fabricar uno mismo los alimentos lactofermentados puede ser peligroso para la salud si se estropean.

☐ *Verdadero* ☐ *Falso*

5. Comer regularmente alimentos lactofermentados ayuda a aliviar los problemas digestivos. ☐ *Verdadero* ☐ *Falso*

6. Comer regularmente alimentos lactofermentados ayuda a reequilibrar la flora intestinal. ☐ *Verdadero* ☐ *Falso*

7. Los alimentos lactofermentados caseros son probióticos.

☐ *Verdadero* ☐ *Falso*

Respuestas: 1. falso, véanse las recetas en p. 77; 2. falso, véanse los capítulos 5 y 6; 3. falso, algunos alimentos fermentan en 1 a 3 días (véanse las recetas en p. 77); 4. verdadero y falso, en realidad, si utilizas el sentido común, aprenderás a identificar un alimento fermentado estropeado (véase capítulo 6); 5. verdadero, véase capítulo 2; 6. verdadero, véase capítulo 2; 7. verdadero, véase capítulo 4.

Análisis de las respuestas

Tienes menos de 2 respuestas acertadas: tu conocimiento de los productos lactofermentados deja mucho que desear, pero no es grave, porque vamos a descubrirlos juntos. Tanto si tienes problemas digestivos como si simplemente te apetece introducir alimentos «saludables» en tu plato, ¡este libro te ayudará!

Tienes entre 2 y 4 respuestas acertadas: digamos que tienes una vaga idea de lo que son los productos lactofermentados, pero, gracias a este libro, podrás perfeccionar tus conocimientos. Los beneficios de los productos lactofermentados son múltiples, por lo tanto, seguro que te benefician.

Tienes más de 5 repuestas acertadas: ¡bravo, ya eres ducho en este tema! El contenido de tu plato es importante para ti. ¡En este libro, encontrarás, sin ninguna duda, los consejos y las recetas que te convertirán en el rey o la reina de la lactofermentación!

AUTODIAGNÓSTICO

¿Qué edad tienen tus intestinos?

Cuando leas este libro, vas a descubrir que uno de los principales intereses de los alimentos lactofermentados es cuidar del sistema digestivo. Antes de empezar, haz un pequeño balance de la edad de tus intestinos.

Tu dieta alimentaria

☐ No como mucha verdura.
☐ Me encanta la carne.
☐ Me encantan los pasteles y las galletas.
☐ No como a intervalos regulares.
☐ Como a menudo fuera (más de tres veces a la semana).
☐ Como a menudo productos industriales.
☐ Con frecuencia me salto el desayuno.
☐ No consumo regularmente alimentos lactofermentados.

Tu estilo de vida

☐ Fumo.
☐ No practico deporte regularmente.
☐ No duermo muy bien. Tengo falta de sueño.
☐ Tomo a menudo antibióticos.
☐ Me siento estresado(a).

Tu aspecto general

☐ Tengo la piel apagada y cansada.
☐ Parezco mayor para mi edad.
☐ Tengo granos en la piel o en la boca.
☐ Tengo problemas de piel.

El aspecto de las deposiciones

☐ Voy de vientre de manera irregular (raramente en el mismo momento del día).

☐ Tengo la sensación de no tener tiempo para ir al baño por la mañana.

☐ Tengo gases, a menudo nauseabundos.

☐ Me veo obligado(a) a utilizar un ambientador después de ir al baño.

☐ Mis deposiciones son duras, en forma de bolitas (como las de un conejo).

☐ Tengo la impresión de no vaciar nunca completamente el intestino.

☐ Tengo que hacer un esfuerzo cuando hago de vientre.

☐ A veces, las deposiciones son blandas.

☐ Tengo que utilizar laxantes.

☐ Mis deposiciones son siempre oscuras.

Cuenta las casillas marcadas y descubre la edad de tus intestinos

▪ **Entre 0 y 5:** Más o menos tu edad. ¡Bravo, es perfecto, no olvides consumir alimentos lactofermentados para ayudarte a mantener el rumbo!

▪ **Entre 6 y 10:** Tu edad + 5 a 10 años. No es catastrófico, pero no olvides añadir fibra y alimentos lactofermentados a tu dieta.

▪ **Entre 11 y 19:** Tu edad + 15 a 20 años. Analiza tu modo de vida e intenta realizar cambios positivos de inmediato. ¡Descubre los beneficios de los alimentos lactofermentados!

▪ **Más de 20:** Tu edad + mínimo 25 años. Consulta a un experto que pueda aportarte soluciones eficaces. ¡El consumo de alimentos lactofermentados solo te puede resultar beneficioso!

TODO SOBRE
LOS ALIMENTOS
FERMENTADOS

CAPÍTULO 1

¿QUÉ SON LOS ALIMENTOS FERMENTADOS?

Un alimento fermentado es un alimento que ha sido transformado por microorganismos, como bacterias, levaduras, hongos o también mohos buenos.

Hay que diferenciar los mohos buenos de los malos. Los mohos buenos de los que hablamos aquí están seleccionados y se cultivan en un medio controlado. Los mohos malos, por su parte, se desarrollan en lugares no deseados.

¿Qué es un alimento lactofermentado?

¿Este nombre es engañoso? En efecto, a menudo nos imaginamos que, detrás de esta designación un poco oscura, se oculta un producto lácteo: es por culpa del «lacto» que forma parte del nombre y que solemos asociar a la lactosa de la leche. El hecho de que los yogures y los quesos hechos con leche cruda también sean representantes importantes de esta categoría de alimentos refuerza la confusión en los novatos. Pero es falso, un alimento lactofermentado puede muy bien no contener lactosa. En realidad, **se habla de lactofermentación cuando las bacterias lácticas producen ácido láctico.** Para ello, las bacterias transforman los glúcidos presentes de forma natural en los alimentos de origen. ¡No se necesitan para nada los productos lácteos, unas verduras pueden ser suficientes para empezar! En efecto, **un gran número de verduras se prestarán fácilmente a la lactofermentación** (col, zanahoria, remolacha, nabo, coliflor, etc.).

Origen vegetal frente a origen animal

Podemos dividir de forma aproximada los productos lactofermentados en dos categorías: los de origen vegetal y los de origen animal. Entre los de origen vegetal, encontraremos, por ejemplo, los encurtidos de verduras. En este grupo, las bacterias se alimentan de la glucosa y la fructosa presente de forma natural en la fruta y la verdura. Entre los productos lactofermentados de origen animal, se encuentran los productos lácteos (yogur, mantequilla fermentada, etc.). En este grupo, las bacterias se alimentan de la lactosa contenida en los productos lácteos.

Los productos lactofermentados de origen vegetal pueden sobrevivir a variaciones de pH y de temperatura más importantes que los de origen animal.

A pesar de la acidez importante de nuestro estómago, los productos lactofermentados de origen vegetal tienen mayores posibilidades de sobrevivir antes de llegar al intestino, por lo tanto, sus beneficios sobre el cuerpo, en teoría, son mayores.

El proceso de fermentación

La **fermentación** tiene lugar cuando los **microorganismos** descomponen los ingredientes básicos de un producto (leche, fruta, verdura, legumbres, pescado, carne, etc.) gracias al proceso de respiración de los microbios. Durante este proceso, **los azúcares contenidos de forma natural en los ingredientes básicos se transforman en ácidos variados o en alcohol.** El tipo de microorganismos que predomina determinará el proceso de fermentación. El producto final tendrá un aroma distintivo (afrutado en la fermentación alcohol/levadura, por ejemplo), un sabor distintivo (agrio en una fermentación láctica, por ejemplo) o también una textura distintiva (como en el yogur, el pan, etc.).

Los productos fermentados son más fáciles de digerir, se conservan durante más tiempo y presentan un sabor único y complejo cuando están maduros.

Observemos, por ejemplo, el proceso de fermentación del chucrut (hablo de la col fermentada que acompaña al plato del mismo nombre). En la fermentación clásica de los encurtidos en salmuera, el azúcar presente de forma natural en la col se utiliza en un procedimiento de respiración de los lactobacilos, unas bacterias potentes. Si realizas los encurtidos tú mismo, constatarás que se forman unas burbujitas, en la salmuera, los primeros días de fermentación. Es el signo de la **actividad de respiración sana de las bacterias**. Se está produciendo el ácido láctico, que da ese sabor ligeramente agrio a los alimentos lactofermentados.

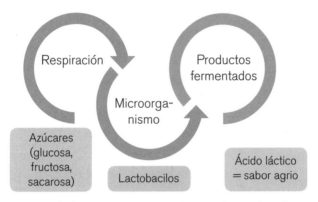

Proceso de fermentación de los encurtidos en salmuera, tipo chucrut.

Los diferentes procedimientos de fermentación

Existen diferentes procedimientos de fermentación (véase el cuadro de la página siguiente), pero el principio siempre es el mismo: el azúcar o los glúcidos, presentes de forma natural en el alimento de partida, ayudados por una bacteria dominante, permiten la fermentación y dan lugar a una variedad de productos subyacentes que darán, cada uno a su manera, un sabor característico a los productos fermentados obtenidos.

Tiempo de fermentación	Alimentos de partida	Bacterias dominantes	Productos subyacentes (sabor)	Productos fermentados más corrientes
Lacto-fermentación	Verdura, leche, alubias	Lactobacilos	Ácido láctico (sabor ácido)	Verdura (encurtidos) en salmuera, *kimchi*, chucrut, queso, yogur, *miso*, salsa de soja
Vinagre	Zumo de fruta, cereales	Acetobacte-rias	Ácido acético (sabor ácido pronunciado)	Vinagre
Alcohol	Zumo de fruta, cereales	Levadura + otras bacterias	Etanol (sabor alcohólico), CO_2. Extracto de levadura	Vino, cerveza
Pan y levadura	Harina de trigo/centeno	Lactobacilos. Levadura natural	Ácido láctico (sabor ácido), etanol, CO_2	Pin, pan con masa madre
Habas de soja	Habas de soja	Hongo *Tempeh*, *Bacillus subtilis, natto*	Vitaminas B (sabor amargo, si demasiado fermentado desarrolla un olor de amonio)	*Tempeh, natto*
Hongo *koji*	Arroz, cereales, alubias	*Aspergillus oryzae*	Hongo *koji* Glutamato = aminoácido (sabor «umami») Amilasa = enzima (sabor dulce)	*Miso, amazake, sake,* salsa de soja

Los principales productos fermentados japoneses:

- *Kimchi:* mezcla de verduras y pimientos fermentados.
- *Tempeh:* preparado a base de habas de soja. fermentadas, considerado como una alternativa a las proteínas animales en el mundo vegano.
- *Natto:* preparado japonés a base de habas de soja fermentadas que podría compararse a un queso vegetal.
- *Miso:* pasta de soja fermentada.
- *Amazake:* bebida poco o nada alcohólica a base de arroz fermentado.
- *Sake:* alcohol de arroz.

Un alimento fermentado es único y original

A pesar de las investigaciones realizadas en este campo, **todavía no conocemos en la actualidad todos los microorganismos con los que convivimos.** Están presentes en nuestras verduras, en nuestra piel y flotan en el aire que respiramos. Esta es la razón por la cual los productos fermentados no necesariamente tienen el mismo sabor en función del lugar donde se han fabricado. ¡Por lo tanto, tus encurtidos nunca serán idénticos a los de tu vecino! Este es el principio de las denominaciones de origen que rigen los vinos y los quesos en función del lugar de producción: en efecto, algunos microorganismos solo están presentes en algunos lugares.

Antaño, en Japón, cada uno fabricaba su propio *miso*. Un rumor decía que, cuando los niños habían ayudado a la fabricación de un *miso*, tenía mejor sabor. ¿Por qué? Porque, en las manos de los niños, se encuentra un número importante de bacterias buenas que añadirían un sabor diferente al *miso* casero. ¡Esto no significa que se pueda prescindir del lavado de manos antes de sentarse a la mesa!

Por lo tanto, existen diferentes fermentaciones, más o menos complicadas de realizar. Si he decidido detenerme especialmente en los productos lactofermentados, es porque están al alcance de todos y son perfectos para enseñarte cómo prepararlos.

Un juego de niños

Si nunca has intentado realizar tus propios productos lactofermentados, sin duda te sorprenderá la simplicidad y la rapidez del proceso.

1. **Los ingredientes de partida son accesibles a todos:** no es necesario visitar una tienda de delicatessen o de alimentación asiática, ni arruinarse en una tienda bío (¡excepto si te apetece, por supuesto, porque encontrarás muchas cosas fantásticas!). Una vueltecita por el huerto, por la verdulería o por el mercado será suficiente para conseguir verduras y sal gorda.

2. **Los utensilios necesarios para la fabricación de los alimentos lactofermentados son muy básicos y proba-**

blemente ya los tienes en la cocina excepto las personas que nunca han preparado conservas o mermeladas y que tendrán que invertir en unos tarros.

3. Contrariamente a otros productos fermentados más complejos, **el procedimiento de fermentación de los alimentos lactofermentados se realiza a temperatura ambiente,** ¡lo cual lo convierte en un juego de niños!

4. Finalmente, los que viven desesperadamente con el reloj en la mano deben saber que **la fabricación de alimentos lactofermentados no requiere mucho tiempo.** Como en toda nueva experiencia, las primeras veces quizá darás palos de ciego, pero te garantizo que, muy pronto, le pillarás el truco. En cuanto a los productos finales, dependerá: algunos productos habrán fermentado en 2 o 3 días, ¡otros necesitarán tener unos meses de paciencia! Pero, ¿acaso el placer no está en la espera?

EN RESUMEN

- **Un producto fermentado tiene un aroma, un sabor y una textura característicos** en función del tipo de fermentación que ha sufrido.

- **Los productos lactofermentados son los más fáciles de realizar** y por eso están al alcance de los principiantes.

- El «lacto» de «lactofermentación» hace referencia al ácido láctico que se produce durante esta fermentación y no a que contenga lactosa. ¡Numerosos productos lactofermentados están desprovistos de lactosa!

CAPÍTULO 2

LOS AMIGOS DE NUESTROS INTESTINOS

Los alimentos fermentados probióticos (véase capítulo 4) son una fuente muy buena de bacterias «útiles» o «amigas». En efecto, con la ayuda de estas últimas, es posible conseguir, recuperar o incluso, para los más afortunados, simplemente conservar una flora intestinal con buena salud.

*Es uno de los principales retos de los productos fermen-
tados: nos ayudan a repoblar esta flora intestinal valiosa,
pero demasiado a menudo ignorada o maltratada.*

Hay que reconocer que, en nuestra época, el equilibrio de la
flora intestinal se pone constantemente en peligro. Por una
parte, consumimos demasiados productos antibióticos o antibacterianos y, por otra parte, a fuerza de pasteurizar todos los
alimentos, ya no dejamos lugar para las bacterias. ¿No crees
que ha llegado el momento de que nos dediquemos a encontrar soluciones para aumentar las bacterias buenas en lugar
de intentar matar a las malas?

¿SABÍAS

En septiembre de 2016, la FDA (la agencia americana de
los productos alimentarios y medicamentosos) publicó una
advertencia contra el uso demasiado importante de toallitas y geles antibacterianos y reveló (¡por fin!) que estos
productos no se contentan con destruir a las bacterias malas,
sino que también diezman de paso a las que supuestamente
nos protegen de nuestro entorno.

¿Qué es la flora intestinal?

Todo esto está muy bien, pero, si no sabemos lo que es la
flora intestinal, tenemos pocas posibilidades de cuidarla.

Lo cual sería una lástima porque, como vas a ver, cuidando de ella es como cuidas de ti.

Llamamos «flora intestinal», o microbiota, a todos los microorganismos que pueblan nuestro tubo digestivo. Esta flora intestinal actúa como una barrera en nuestros intestinos y nos protege de las agresiones exteriores. Sin esta barrera, somos más vulnerables a las enfermedades infecciosas o inflamatorias.

La flora intestinal es única para cada individuo. Puede compararse a una huella genética.

Cuando se piensa en los mecanismos de defensa natural del cuerpo, se piensa, en primer lugar, en el sistema inmunitario. Pero no siempre tenemos en mente que el **80% del sistema inmunitario se encuentra en el intestino** y que su funcionamiento está intrínsecamente ligado al estado de nuestra flora intestinal.

¿Cuál es su papel?

La flora intestinal es tan fascinante y los estudios sobre ella son tan florecientes que sería posible hablar de ella durante horas. ¡Pero no nos ahoguemos en una masa de información y contentémonos con lo esencial!

Las bacterias (buenas y malas) que forman nuestra flora intestinal deben cohabitar en armonía y es primordial que las bacterias beneficiosas sean suficientemente numerosas para no ser superadas por las bacterias patógenas.

A grandes rasgos, hay que recordar que una flora intestinal equilibrada es beneficiosa para: la digestión, el tránsito intestinal, el sistema inmunitario, la actividad endocrina (regula, entre otros, el apetito y la saciedad), la síntesis de vitaminas y ciertos ácidos grasos, una mejor absorción del calcio y del magnesio, etc. (lista no exhaustiva).

¿SABÍAS

¡Nuestra flora intestinal tiene una actividad antitóxica igual a la del hígado!

¿Te dan miedo las bacterias?

¿Es cultural? ¿Se debe a la influencia de los medios de comunicación? Sea cual sea la causa, lo cierto es que, en nuestro mundo, la palabra «bacteria» tiene una connotación ampliamente negativa. Si te digo «bacteria», ¿qué te viene a la mente? ¿Posibles enfermedades o materia para el equilibrio de tu flora intestinal?

¡Haz el test!

Vayamos más lejos todavía, marca en la lista siguiente todas las afirmaciones con las que estés de acuerdo y después cuenta el número de respuestas marcadas:

- ☐ No me gusta estar fuera.
- ☐ Llevo guantes cuando me ocupo del jardín / nunca me ocupo del jardín.

☐ Recurro con frecuencia a los antibióticos cuando estoy enfermo.

☐ Utilizo un producto antibacteriano cada vez que me lavo las manos.

☐ Siempre llevo conmigo un gel o toallitas antibacterianas.

☐ Esterilizo los biberones de mi bebé antes de usarlos.

☐ Solo como productos lácteos pasteurizados.

☐ Como alimentos crudos muy raramente.

☐ Limpio mi casa con lejía.

☐ En la cocina, siempre limpio las superficies de trabajo con un producto antibacteriano.

☐ Utilizo productos limpiadores (champú, gel de ducha, etc.) cada vez que tomo un baño / una ducha.

☐ Utilizo productos de plástico (tabla de cortar, cepillo para el pelo, cepillo de dientes, etc.) recubiertos de una película antibacteriana.

☐ No me encuentro a gusto cuando toco ciertos objetos en lugares públicos (ordenadores, libros, interruptores, etc.).

Análisis de las respuestas

■ **Entre 1 y 4 respuestas:** las bacterias realmente no te asustan, pero sin duda no eres consciente de que tienes algunos hábitos que, al eliminar las bacterias perjudiciales, también destruyen las que te resultan beneficiosas.

■ **Entre 5 y 8 respuestas:** tienes conciencia de que estamos rodeados de microbios e intentas alejarte de cierto número de ellos, en cambio, olvidas que algunos actos cotidianos te alejan de las malas pero también de las bacterias buenas.

■ **Más de 9 respuestas:** las bacterias te asustan y haces todo lo posible para mantenerlas alejadas, olvidando que esta caza cotidiana te protege de las malas, pero también te aleja de las bacterias buenas.

¡RECUERDA

En resumen, **si nos faltan bacterias, es porque tenemos miedo de las bacterias malas, las que pueden ser peligrosas para nuestra salud.** Por eso, en lugar de llenarnos de bacterias, tenemos una tendencia natural a intentar evitarlas, a luchar contra ellas e incluso a matarlas.

El lenguaje que utilizamos pone de manifiesto este miedo y las connotaciones negativas que se desprenden de él. Por ejemplo, imagina un pack de yogures en tu supermercado local. Si estos yogures llevaran la mención «yogures bacterianos», ¿tendrías la tentación de comprarlos? Probablemente, no. En cambio, con el nombre de «yogures probióticos», ¡asustan menos!

No estoy diciendo que no tengamos ningún motivo para asustarnos de las bacterias. Es cierto que algunas son tan peligrosas que pueden provocar infecciones alimentarias, más o menos graves, e incluso pueden constituir una amenaza para nuestras vidas. Pero no olvides que estas bacterias solo representan un **porcentaje minúsculo** entre la población bacteriana en su totalidad y las que son mortales todavía son más raras. Nuestra actitud respecto a las bacterias es pues negativa a causa de una minoría que representa una amenaza.

Relación de oro de las bacterias

Parece ser que podemos gozar de buena salud si tenemos en nuestros intestinos: un 20% de bacterias beneficiosas, un 10% de bacterias dañinas y un 70% de bacterias neutras.

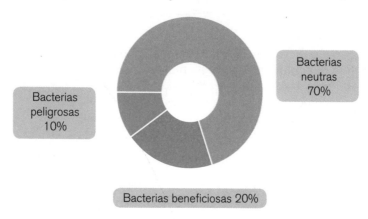

Bacterias neutras 70%

Bacterias peligrosas 10%

Bacterias beneficiosas 20%

Quizá te sorprenderá saber que nuestro cuerpo está «naturalmente armado» para gestionar las malas bacterias (¡siempre y cuando respeten esta relación, por supuesto!).

¿SABÍAS?

La **microbiota intestinal**, es de aproximadamente 100 billones de bacterias, que pertenecen a alrededor de 160 especies diferentes. ¡Una fiesta permanente en tu vientre!

Los signos de una flora intestinal frágil

Después de años de lucha (a veces, encarnizada) contra las bacterias, es frecuente encontrarse con un desequilibrio de la flora intestinal. Este desequilibrio puede ser más o menos importante según los individuos. Veamos los principales síntomas:

- estreñimiento regular o deposiciones blandas;
- hinchazón abdominal;
- deposiciones nauseabundas;
- gases o eructos frecuentes;
- intolerancias alimentarias o alergias;
- carencias nutricionales (como la anemia);
- micosis;
- problemas de piel (como el eccema);
- cabello y uñas quebradizos o frágiles;
- trastornos hormonales (diabetes, obesidad, cambios de humor…);
- trastornos autoinmunes;
- trastornos mentales leves (falta de concentración, ansiedad, depresión…).

¡Necesitamos bacterias!

¡Habrá comprendido ya que tenemos necesidad de las bacterias! Por otra parte, se quiera o no, en nuestro organismo hay una gran cantidad de bacterias. ¡Si observaras tu cuerpo al microscopio, te sorprendería descubrir que no tenemos miles, ni millones, sino billones, es decir, millones de millones de bacterias! ¿Te produce escalofríos? Es porque olvidas que, en el lote, una mayoría forma parte de las bacterias neutras y amigas. En realidad, **el número de bacterias que se encuentran en nuestro cuerpo es 10 veces superior al número de células que nos componen.** Debajo y encima de las partes periféricas de nuestro cuerpo (piel, cabello, uñas), se pueden encontrar hasta 100 billones de bacterias, frente a 10 billones de células humanas.

¿Por qué?

Porque las bacterias amigas son las que mantienen el orden entre la comunidad bacteriana. En efecto, actuarían como un antibiótico natural en nuestro cuerpo e incluso parece ser que la presencia de algunas de estas bacterias beneficiosas inactiva a las bacterias más peligrosas.

Las personas que presentan una disminución de la flora intestinal tienen una carencia considerable de bacterias: en número, pero también en variedad.

¡Por eso, llenarse de bacterias ingiriendo productos fermentados es una excelente idea!

Un lugar para la diversidad

Una flora intestinal equilibrada depende también de la diversidad de las bacterias que la componen. Nosotros necesitamos bacterias en gran cantidad, pero ellas necesitan pertenecer a variedades diferentes. La investigación médica ha demostrado, por ejemplo, que una falta de contacto con bacterias diversas y variadas durante la infancia produce una supresión del desarrollo del sistema inmunitario en estos niños. En cambio, los niños expuestos generosamente a una población bacteriana más amplia y más compleja parecen tener un sistema inmunitario más resistente que los que viven en un medio aséptico.

¿SABÍAS

¡No nacemos todos iguales!

¿Sabías que, antes de salir del vientre de nuestra madre, nuestro tubo digestivo y nuestra piel son estériles? Entonces, ¿por qué no somos todos iguales? Pues bien, las primeras bacterias que nos encontramos dependen de nuestro nacimiento. Me explico. Un bebé que nace por vía vaginal entra inmediatamente en contacto con las bacterias de su madre (las bacterias presentes en la flora vaginal), mientras que un bebé que nace por cesárea se encuentra primero con los microorganismos del entorno inmediato (las manos del personal sanitario, los pasillos de la maternidad, etc.). Es una de las razones que puede explicar que los bebés nacidos por cesárea presenten, a veces, casos de alergia, asma e inmunodeficiencia más importantes que los bebés nacidos por vía vaginal.

¡Mi consejo número uno, que por lo tanto va en contra de los enfoques antibacterianos actuales, es dejar que los niños jueguen fuera, acaricien a los animales y coman alimentos fermentados probióticos variados!

Una relación entre flora intestinal y humor

Los intestinos no son solamente órganos que absorben los nutrientes de los alimentos que ingerimos. También tienen un papel importante en la producción de hormonas y vitaminas, y, por esta razón, nuestro sistema digestivo también recibe el nombre de **«segundo cerebro»**. Los estudios neurológicos modernos han demostrado que el estómago y el intestino contienen un número importante de neuronas que reaccionan a las emociones.

El papel de este segundo cerebro

Uno de los papeles principales de este segundo cerebro es producir neurotransmisores importantes, como la dopamina o la serotonina, las «hormonas de la felicidad», moléculas que influyen en nuestra sensación de bienestar.

Alrededor del 50% de la producción de dopamina y el 95% de la producción de serotonina tienen lugar en los intestinos.

Como habrás comprendido, **nuestra flora intestinal tiene una influencia directa sobre el humor.** Si tienes dificultades para sentirte feliz, tranquilo y satisfecho, realmente valdría la pena que te interesaras por el bienestar de tus intestinos, porque su bienestar es la garantía de una buena secreción de estas hormonas de la felicidad que influyen sobre el humor.

Aunque las relaciones directas entre el consumo de una alimentación rica en productos fermentados y el equilibrio hormonal todavía están por demostrar científicamente, mi experiencia personal me ha enseñado que un vientre feliz es una mente ligera. En estas condiciones, es muy importante cuidar de nuestras entrañas porque, cuando los residuos y las toxinas se eliminan, el estómago y los intestinos también se relajan y permiten una mejor circulación del sistema sanguíneo y de la energía: ¡viva la armonía interior!

Los intestinos, una fábrica de bienestar

Echa un vistazo a este cuadro recapitulativo y comprenderás que los intestinos felices —una flora intestinal equilibrada— producen una cabeza ligera.

Serotonina (hormona relajante)	Dopamina (hormona energizante)	GLP-1 (regula el apetito)
Lugar de producción		
95% en los intestinos y 5% en el cerebro.	50% en los intestinos y 50% en el cerebro.	En los intestinos.
Función		
Disminuye la ansiedad y la irritabilidad; aumenta la sensación de alegría y calma; afecta al apetito, la digestión y el sueño.	Potencia el placer cuando se alcanzan objetivos y motiva durante la fase de preparación (circuito de recompensa); afecta al apetito, la memoria y la concentración.	Estimula la secreción de insulina en el páncreas (reduce la glucemia); disminuye la concentración de glucosa liberada por el hígado; induce una sensación de saciedad; ralentiza el vaciado gástrico; disminuye el metabolismo de la glucosa en los tejidos muscular y graso.

EN RESUMEN

- **Los productos probióticos lactofermentados son ricos en bacterias buenas** y, por eso, **son esenciales para el equilibrio de la flora intestinal.**

- No olvides que albergamos un ejército de bacterias: la mayoría son neutras o beneficiosas; solamente una minoría son patógenas. ¡Deja de querer cargártelas!

- La receta de una flora intestinal equilibrada: **aumentar las bacterias beneficiosas para hacer disminuir el número de bacterias patógenas.**

- Nuestros intestinos participan también plenamente en el bienestar general, ofrezcámosles una alimentación de fábula (¡si es posible lactofermentados!).

CAPÍTULO 3

LOS OTROS BENEFICIOS DE LOS ALIMENTOS LACTOFERMENTADOS

¿Por qué los alimentos lactofermentados pueden tener un impacto positivo sobre nuestra salud, nuestra felicidad y nuestra belleza? Porque son una excelente fuente de bacterias lácticas, un grupo importante de bacterias beneficiosas. ¡Aunque estas bacterias son invisibles a simple vista, sus beneficios son enormes!

La lista de los beneficios que he podido recoger en este capítulo no se basa solamente en evidencias científicas, sino también, y sobre todo, los observan los consumidores regulares de alimentos lactofermentados.

Una mejor asimilación de los nutrientes

La lactofermentación permite una mejor asimilación de los minerales.

¡Somos lo que absorbemos!

Sin duda, ya has oído la expresión «somos lo que comemos», que apoya la idea de que tenemos que cuidar lo que ingerimos para aprovechar nuestro capital de salud. Es un poco como elegir el mejor carburante para el coche a fin de cuidar el motor, por ejemplo. Personalmente, pienso que no somos lo que comemos, sino más bien lo que absorbemos. Quiero decir con esto que es magnífico comer bío o de temporada (lista no exhaustiva), pero, si los nutrientes contenidos en estos alimentos de calidad no son asimilados por el organismo, no tienen, por así decir, demasiado interés, o ninguno. Una de las mayores ventajas de los alimentos fermentados es que permiten la **descomposición de los nutrientes contenidos en los alimentos básicos**, facilitan su digestión y, por lo tanto, su asimilación.

Algunos consejos para una buena asimilación

- Mastica mucho y despacio.

- Evita las bebidas y los alimentos demasiado fríos.

- Elige un método de cocción húmeda (al vapor, escaldado, a fuego lento, en agua, en sopa o en caldo).

- Come intentando relajarte al máximo.

- Evita comer demasiado tarde por la noche.

- Opta por una técnica de combinación de los alimentos (provitamina A + ácidos grasos; vitamina C + alimentos ricos en hierro, etc.).

- Trabaja para reducir el estrés en tu vida (el estrés influye sobre las secreciones ácidas del estómago).

Una acción relajante sobre el hígado y la vesícula biliar

Los alimentos lactofermentados presentan también la ventaja de tener **una acción relajante sobre el hígado y la vesícula biliar, dos órganos que intervienen en el proceso de la digestión.** El hígado permite desintoxicar la sangre, almacena el exceso de glucosa y segrega bilis. La bilis es la enzima digestiva que descompone las grasas. El papel de la vesícula biliar es almacenar la bilis en su forma más concentrada; por lo tanto, actuaría como un lavavajillas superpotente capaz de dejar limpias las cacerolas más engrasadas. Resultado: una mejor digestión de las grasas y una mejor asimilación de los nutrientes.

En la medicina tradicional china, el hígado y la vesícula biliar se conocen como los órganos que acumulan la cólera y las frustraciones. Todas las emociones relacionadas con la cólera, con las cosas que no conseguimos expresar y con la pérdida de control contraen los músculos de estos dos órganos. En consecuencia, la circulación de la energía en estos órganos sufre y su función digestiva se debilita.

Los encurtidos de verduras en salmuera ayudan a relajar las tensiones y tienen una acción relajante, tanto física como emocional. Cuando experimentes una frustración, come una pequeña ración de chucrut acompañada de ensalada de manzana verde y observa su impacto sobre el hígado.

Una mejor digestión

Al consumir alimentos lactofermentados regularmente, podrás mejorar la digestión y prevenir ciertas consecuencias de una mala digestión: hinchazón abdominal, gases, estreñimiento, diarrea, intolerancia alimentaria, y me quedo corta. ¿Quizá incluso todos estos síntomas son sugestivos de un síndrome del intestino irritable?

Si padeces problemas digestivos todavía más graves, como una enfermedad inflamatoria crónica del intestino (enfermedad de Crohn, etc.), estos síntomas también disminuirán.

El papel clave de las bacterias lácticas

Cada vez más investigaciones ponen en evidencia la relación entre estas condiciones digestivas, un número deficitario de bacterias beneficiosas y una diversidad demasiado pobre en el seno de la comunidad bacteriana (**véase capítulo 2**).

Mucosa intestinal y bacterias

Diseñados de manera que puedan acoger nutrientes en el organismo, **nuestros intestinos son especialmente vulnerables a los ataques de los microorganismos patógenos.**

Unos intestinos con buena salud presentan, en la mucosa intestinal, una capa de moco gruesa y cubierta de bacterias amigas. Entre ellas, encontramos a nuestras compañeras del grupo de las bacterias lácticas, que permiten una buena cohabitación de las bacterias en la mucosa intestinal. Cuando esta capa de moco es más fina, el paso de las bacterias patógenas es más fácil y, en lugar de tener una barrera protectora, nos encontramos con un colador.

Las personas que padecen problemas digestivos (síndrome del intestino irritable, enfermedades inflamatorias crónicas del intestino, etc.), intolerancia alimentaria o enfermedades alérgicas tienden a presentar una mucosa intestinal fina o fisurada.

El papel de las bacterias lácticas es pues mantener bajo control al número de bacterias patógenas presentes y limitar su actividad en el organismo.

Por eso, llenarse de bacterias lácticas consumiendo productos lactofermentados es beneficioso cuando los intestinos tienen tendencia a molestar.

Una bonita piel

Los alimentos lactofermentados también se conocen como los alimentos de la belleza, porque tienen un impacto sobre la calidad de la piel. ¿Por qué? ¡Porque una piel sana va a la par de unos intestinos sanos! Cuando la mucosa intestinal es sólida, la piel se refuerza, parece más radiante y más lisa.

La piel es el espejo de lo que ocurre en el interior del cuerpo. Por ejemplo, la piel de una persona estreñida a menudo es gris y rugosa. En cambio, si padece una inflamación de los intestinos, con frecuencia tiene granos. El eccema, que padecen con frecuencia las personas que tienen enfermedades inflamatorias crónicas del intestino, indica también la correlación que existe entre la piel y el vientre.

Las bacterias lácticas, al desempeñar un papel protector del tubo digestivo, permiten la mejoría de la calidad de la piel.

Evidentemente, la calidad de la piel puede verse afectada por otros factores relativos a un trastorno nutricional u hormonal, pero centrarse en el estado de la flora intestinal es un primer paso interesante para los que quieren mejorar la calidad de la epidermis por medio de un enfoque holístico, es decir, global.

La medicina tradicional china utiliza este mecanismo para diagnosticar posibles desequilibrios orgánicos. Por ejemplo, numerosos granos en la frente con frecuencia son un signo de mal funcionamiento del intestino grueso; un grano entre las cejas hace pensar que la vesícula biliar tiene problemas para retener los excesos (de sal, de cólera, etc.).

TRUCOS Y ESTRATEGIAS

Una mascarilla de yogur rica en bacterias lácticas

He aquí una mascarilla que te puedes fabricar tú mismo, rápida y fácilmente, y que te permitirá llenarte de bacterias lácticas directamente en la piel.

¿Cuáles son los ingredientes? Yogur (de leche de vaca, de arroz, de soja o de coco) utilizado solo o al que puedes añadir miel, cúrcuma, sal o limón. Evita los aceites esenciales si tienes la piel muy sensible.

¿Cómo actúa? Es una mascarilla que exfolia, que crea una barrera de pequeños soldados lácticos, hidrata, tiene una acción antiinflamatoria y, además, te deja la piel resplandeciente.

¿Cómo se hace? Mezcla los ingredientes, extiéndelos por la cara y déjalos actuar durante 5 a 10 minutos, para permitir que la piel absorba todos los componentes buenos. Aclara completamente, pero con cuidado.

¿Se conserva? Sí, pero solamente 1 semana en la nevera.

Un concentrado de vitaminas y minerales

Como si todo esto no fuera suficiente, debes saber que **el proceso de lactofermentación aumenta, de manera general, los valores nutricionales de los ingredientes básicos.**

Vitamina C

Las verduras lactofermentadas proporcionan un aporte interesante de vitamina C. Como regla general, la vitamina C es especialmente sensible al calor y al oxígeno. Cuando los alimentos se calientan a una temperatura superior a 70 °C, este nutriente vital se destruye. Incluso durante la preparación de alimentos crudos, la vitamina C se daña. En efecto, cuando la verdura se corta de antemano y se deja expuesta al oxígeno durante demasiado tiempo (verduras precortadas, restaurante de ensaladas, etc.), las oportunidades de supervivencia de la vitamina C disminuyen intensamente.

En cambio, la vulnerabilidad de la vitamina C no es un problema durante el proceso de lactofermentación. El método de preservación en salmuera es ideal, puesto que evita cualquier tratamiento con calor y, por lo tanto, la pérdida de la valiosa vitamina.

Mientras que la vitamina C habrá desaparecido de una verdura de dos semanas, todavía está muy presente en un frasco de verduras en forma de encurtido, incluso de seis meses. Increíble, ¿verdad?

La vitamina C tiene propiedades antioxidantes, permite una curación rápida de las heridas y refuerza el sistema inmunitario. También facilita la asimilación del hierro. Si padeces anemia, come una ración de encurtidos de verdura en salmuera acompañados de alimentos ricos en hierro. Es un medio eficaz y natural de tratar el déficit de hierro.

Vitamina A

La lactofermentación aumenta el contenido de vitamina A de ciertos alimentos. Por ejemplo, a igual volumen, un trozo de queso contiene de 5 a 9 veces más vitamina A que la leche. Las verduras, por su parte, contienen generalmente poca o ninguna cantidad de vitamina A, pero algunas verduras de color naranja (zanahoria, boniato, calabaza) o verde oscuro (espinacas, brócoli) contienen ß-caroteno, que puede convertirse, en el intestino delgado, en vitamina A. Los estudios sugieren que el proceso de lactofermentación aumentaría la disponibilidad del ß-caroteno en el intestino delgado.

La vitamina A es un nutriente esencial para las funciones inmunitarias, la visión y la reproducción.

Vitaminas B

Las bacterias lácticas favorecen la síntesis de las vitaminas del grupo B; en especial, las vitaminas B1, B6 y B12. Estos nutrientes son esenciales para el metabolismo celular y la producción de glóbulos rojos. Para funcionar correctamente, dependen unas de las otras: la vitamina B1 es necesaria para la utilización de otras vitaminas del grupo y la vitamina B12, por ejemplo, es indispensable para la fabricación del ácido fólico (B9).

Las proteínas animales son una fuente importante de vitaminas del grupo B. Para los vegetarianos y los veganos, es una idea muy buena introducir una ración diaria de alimentos lactofermentados en su rutina alimentaria. En efecto, cuando los alimentos de origen vegetal que contienen vitamina B fermentan gracias a las bacterias lácticas, producen más vitamina B. Por ejemplo, las habas de soja cocidas pero no fermentadas contienen vitamina B6, pero no vitamina B12. En cambio, cuando fermentan en forma de *miso*, la pasta de *miso* obtenida contiene a la vez vitaminas B6 y B12. ¡La cantidad de B6 incluso aumenta!

Los alimentos lactofermentados constituyen una buena alternativa para los que no consumen productos de origen animal o que intentan limitar su consumo, a la vez que evitan las carencias desastrosas de vitaminas del grupo B.

Las carencias de vitaminas del grupo B pueden tener repercusiones más o menos graves sobre el sistema cardiovascular, nervioso e inmunitario. En otras palabras, las vitaminas B son esenciales para mantener una buena salud. Los signos de una carencia son la caída del cabello, las uñas quebradizas, una gran fatiga, la anemia, la depresión, fallos de memoria y un sistema inmunitario debilitado.

Calcio

Se sabe que los productos lácteos son una excelente fuente de calcio. Los productos lácteos fermentados (el queso, el yogur, etc.) proporcionan también una buena dosis. Lo que se sabe menos, en cambio, es que algunas verduras también son muy ricas en calcio: un bol de rábanos blancos rallados contiene tanto calcio como un bol de leche. **Tanto si se trata de productos lácteos como de verduras, siempre que sean fermentados, su contenido en calcio aumenta.** En el caso de las verduras, cuando están fermentadas, se crea un efecto de sinergia.

Para una mejor absorción, conviene saber que el calcio debería tomarse con vitamina C. Las verduras como el rábano, la chucrut o el daikon (un rábano blanco asiático) son especialmente ricas en calcio y vitamina C. Si los consumes en forma «lactofermentada» (*kimchi* de rábano, chucrut o encurtidos de daikon), preservas al máximo sus valiosos nutrientes con respecto a un consumo de estas mismas verduras frescas.

En términos de aporte de calcio, no se puede negar que los productos lácteos, comparados con las verduras, llevan las de ganar. Pero, ¿sabías que el cuerpo no necesita tanto? Cuando recibe una dosis demasiado importante, el cuerpo le pide a los huesos que lo suelten, porque lo considera como un exceso que se elimina por la orina.

Las verduras ricas en calcio contienen más calcio en forma lactofermentada que fresca, pero menos que la leche. ¡Por lo tanto, son un buen medio de aportar calcio y, a la vez, evitar las dosis excesivas!

Un papel alcalinizante

¿Has oído hablar del equilibrio ácido-básico? Es el equilibrio del pH de nuestro organismo y puede verse como otro medio de medir —o de mantener en estado óptimo— nuestra salud.

Un pH que oscila entre 7,35 y 7,45

La escala del pH oscila entre 0 y 14. Un pH inferior a 7 se considera «ácido»; un pH superior a 7 es «básico». En la sangre, es necesario un pH ligeramente básico para mantener una buena salud. Idealmente, debería situarse entre 7,35 y 7,45.

Nuestra alimentación moderna, rica en productos transformados, en azúcares refinados, en proteínas animales y en grasas saturadas, favorece la acidez del cuerpo. Los alimentos lactofermentados caseros te permitirán mantener el equilibrio ácido-básico que tu organismo necesita.

La mayoría de alimentos lactofermentados tradicionales son alcalinizantes: pueden marcar la diferencia si el pH de tu organismo se inclina hacia el lado ácido.

¿SABÍAS?

Una tasa de acidez demasiado importante en los intestinos atrae un ejército de bacterias patógenas a las que les gusta desarrollarse allí. Un consumo demasiado rico de alimentos acidificantes (el azúcar refinado, por ejemplo) tiene un impacto negativo sobre los intestinos: las bacterias patógenas podrán volverse activas, porque les gusta evolucionar en un medio ácido. Las consecuencias: intoxicaciones alimentarias, problemas digestivos, trastornos inmunitarios y alergias.

Alcalinizante	Ácido
La mayoría de frutas y verduras frescas	Carne, pescado, nueces
Encurtidos y vinagres no pasteurizados, aceites de primera prensión en frío	Cereales y azúcares refinados
	Alimentos transformados y tratados con calor

¡SABÍAS?

Algunos incluso proclaman que una alimentación rica en alimentos alcalinizantes impediría la formación de células cancerosas en el organismo.

EN LA PRÁCTICA

Para comprobar el nivel de pH, examina la saliva

Coloca el extremo de un bastoncillo —que encontrarás fácilmente en la farmacia— en la saliva y espera el resultado. El color que aparecerá te indicará el nivel de tu pH. Este nivel de pH reflejará también tu nivel de estrés (físico y emocional).

Un metabolismo potenciado

Consumir alimentos lactofermentados puede ayudar a tu cuerpo a metabolizar el azúcar de manera óptima: en otras palabras, nuestro cuerpo se vuelve más **eficaz en su utilización de la energía y los nutrientes.**

¿Cómo es posible esto? Simplemente porque las famosas bacterias lácticas, de las que te he hablado hace un momento, presentes en los intestinos, **potencian la producción de hormonas,** a su vez responsables del correcto metabolismo de nuestro cuerpo.

Gracias a las pequeñas bacterias lácticas, la comida ingerida se transforma en energía de manera más eficaz.

EN RESUMEN

- **Las bacterias lácticas, contenidas en los alimentos lactofermentados, están rebosantes de virtudes para nuestro cuerpo.**

- No olvides consumir alimentos lactofermentados para **ayudar a tu cuerpo a llenarse de vitaminas y minerales.** Esto es todavía más necesario si eres vegetariano o vegano.

- **Los alimentos lactofermentados pueden ayudar a regular el equilibrio ácido-básico de nuestro cuerpo y, por lo tanto, a mejorar la salud.**

CAPÍTULO 4

LOS BENEFICIOS DE LO HECHO EN CASA

Atención, no voy a incitarte a dejar de consumir productos fermentados si han sido pasteurizados o tratados a alta temperatura. Su interés nutricional seguirá siendo interesante; los glúcidos y las proteínas que contienen se digerirán más fácilmente y presentarán dosis más elevadas de vitaminas y minerales que el mismo producto no fermentado. ¡Sin embargo, si lo que quieres es aprovechar los beneficios de un producto probiótico, no hay nada como lo «hecho en casa»!

Un día, cuando animaba un taller sobre la fabricación de chucrut casero, una de las participantes me preguntó por qué romperse la cabeza preparando estos productos fermentados cuando algunos de ellos se pueden obtener fácilmente en el comercio. Quizá ya has podido constatar que algunos productos lactofermentados «típicos», como el yogur, los encurtidos o las salsas fermentadas, se encuentran fácilmente en las tiendas de alimentación.

Entonces es cierto, ¿por qué romperse la cabeza? Porque **existen numerosas diferencias de calidad entre los productos hechos en casa y los del comercio**; si los preparas tú mismo, añadirás cierto número de beneficios. En otras palabras, nunca habrás cuidado tanto de ti mismo…, ¡ni de tu cartera! Además, es realmente fácil de hacer, no se necesita ser el rey o la reina de los fogones para preparar deliciosos productos lactofermentados.

Un aporte de probióticos

Los productos **probióticos** —que son, en pocas palabras, un concentrado de buena salud— contienen **bacterias activas y potentes,** y los productos fermentados caseros son una buena fuente de ellas. Los probióticos tienen, en el momento actual, el viento de cara. Normal, cuando se sabe que **hacen maravillas en la piel y el sistema digestivo, que regulan el equilibrio hormonal, favorecen la pérdida de peso y refuerzan el sistema inmunitario. Incluso tienen un impacto sobre nuestra salud mental.**

Cuando los alimentos fermentados se pasteurizan, se tratan a elevadas temperaturas o se les añaden conservantes, pierden su poder «probiótico». Por supuesto, puedes ingerir probióticos en cápsulas o en sobres, pero muy pronto te darás cuenta de que es más barato y más duradero consumirlos en forma de productos fermentados caseros. Por otra parte, hay que consumir una cierta cantidad antes de que proporcionen al organismo la dosis necesaria para obtener efectos positivos sobre la salud.

¿Dónde se encuentran estos famosos alimentos probióticos?

Entonces, ¿dónde se ocultan estos alimentos fermentados probióticos que tienen tantas virtudes y que incluso parecen casi milagrosos?

¡SABÍAS

Pequeño léxico

- *Laban/kéfir*: bebida fermentada a base de leche.
- *Tamari*: salsa de soja tradicional no pasteurizada y sin aditivos.
- *Nam pla, nuoc-mâm,* etc.: salsa de pescado fermentada.
- *Kombucha*: té fermentado en un cultivo de bacterias y levaduras en un medio dulce.
- **Thé pu-erh**: té negro fermentado producido en la región de Yunnan, en el suroeste de China.
- **Chocolate crudo**: producido a partir de semillas de cacao fermentadas y no torrefactas.

Por desgracia (o por suerte, porque te darás cuenta en la segunda parte de este libro que son muy fáciles de hacer), es muy difícil encontrarlos en los estante de los supermercados «ordinarios». Echa una ojeada a la tabla de la página siguiente. ¿Te resultan familiares estos productos? ¿Te los has encontrado alguna vez en tu supermercado habitual?

Cuando busques estos productos en las tiendas especializadas, presta atención a las palabras clave que te ayudarán a determinar si estos alimentos son solamente «fermentados» o **«probióticos y fermentados»** (no pasteurizados; de cultivo, sin conservantes; etc.).

Entonces, ¿una visita al supermercado será suficiente para satisfacer tus necesidades de productos fermentados probióticos? No necesariamente, por desgracia, como habrás comprendido.

¡ATENCIÓN!

¿Encurtidos en salmuera o en vinagre?

Quizá te preguntes si los encurtidos que se encuentran en frascos en los supermercados (los pepinillos, por ejemplo) son probióticos o no. Por desgracia, no lo son, porque la solución fuertemente avinagrada en la que están sumergidos mata todas las bacterias: las malas, pero también las buenas. Por esta razón, el vinagre es un excelente medio de conservar los alimentos.

Ejemplos de productos fermentados y probióticos.

Productos lácteos	Encurtidos en salmuera	Condimentos fermentados	Conservación en sal	Vinagre
Yogur (con bacterias vivas)	Chucrut no pasteurizado	*Miso* no pasteurizado	Aceitunas fermentadas de manera tradicional	Vinagre de sidra no pasteurizado y no filtrado
Queso de leche cruda	*Kimchi*	Salsa de soja o tamari tradicional	Limón confitado en sal	Vinagre de arroz de elaboración artesanal
Laban/kéfir	Pepinillos en salmuera	Salsa de pescado fermentada	Encurtidos de ciruela (*umeboshi*)	
Mantequilla de cultivo		Tabasco		

Alubias fermentadas	Alcohol / Bebida	Pan	Otros
Tempeh	Vino sin azufre	Pan con masa madre	Chocolate crudo
Natto	Cerveza artesanal	Pan fermentado lentamente	Bizcocho de fruta confitada tradicional
Tofu fermentado	Hidromiel	Panettone	Yogur de leche vegetal
	Kombucha		Salchichón fermentado (salami, etc.)
	Thé pu-erh		*Amazake*

Alimentos no pasteurizados

Al fabricar tus propios alimentos lactofermentados, te ofreces una alternativa a la pasteurización: una alternativa difícilmente disponible con los productos comercializados, mayoritariamente pasteurizados. De esta manera, puedes prescindir de esta etapa, puesto que la sal, presente en la salmuera, sirve de conservante natural.

«¿Y pasteurizar es malo?», tienes derecho a preguntarte. Sí, un poco, en realidad. Sobre todo si quieres conservar todos los beneficios de los alimentos. En efecto, conviene saber que **el calor destruye en parte, o totalmente, algunos componentes valiosos: la vitamina C, las enzimas activas y las bacterias beneficiosas.** En los tarros no pasteurizados, estas ventajas para la salud estarán mejor conservadas que en los tarros pasteurizados.

TRUCOS Y ESTRATEGIAS

Si quieres **preparar tus propios yogures con leche de vaca**, te recomiendo que utilices leche fresca o una leche pasteurizada a baja temperatura. Prueba y compara los yogures del comercio de diferentes marcas y los hechos en casa y, sobre todo, observa los efectos que unos y otros tienen sobre tu cuerpo porque, después de todo, todos somos diferentes y los efectos pueden, efectivamente, diferir de un individuo a otro.

Una calidad optimizada

Al fabricar tus propios productos lactofermentados, tendrás una mejor visibilidad de la cantidad de productos que eliges hacer fermentar. **¡Podrás fermentar respetando el ritmo de las estaciones del año!** Fermentarás pepinos o rábanos cuando salgan de la tierra, de manera que tendrán más sabor y serán más ricos en nutrientes. ¡Solo tendrás que dejar que las bacterias lácticas hagan su trabajo!

¿SABÍAS?

Cuando las verduras son cultivos de temporada, la naturaleza está de su lado, aporta su propia energía: a cambio, no tienen tanta necesidad de abonos químicos y de pesticidas que las verduras que la mano del hombre fuerza a salir de la tierra.

Incluso la leche tiene temporadas. Si las vacas se alimentan de hierba, la leche de primavera tendrá más sabor y será más nutritiva, gracias a la calidad de la hierba de esta estación del año.

Un alivio, del vientre al monedero

Sin duda, ya te has dado cuenta de que, cuando las verduras son de temporada y, por lo tanto, abundantes, su precio en las tiendas es más bajo porque las verduras, como el resto, también siguen el principio de la oferta y la demanda.

Sé ecológico y ahorra preparando tus alimentos lacto-fermentados al ritmo de las estaciones del año.

De todos modos, las verduras «típicas», tradicionalmente utilizadas en lactofermentación, son verduras poco caras: pepinos, coles, rábanos, zanahorias, remolachas, etc. Se trata de productos básicos que crecen, sin ninguna duda, fácilmente cerca de tu casa. ¡Y no, un precio exorbitante no necesariamente es un signo de calidad!

Una bofetada a los productos químicos

Al preparar tus alimentos lactofermentados tú mismo, puedes evitar la famosa lista negra de los ingredientes que empiezan con una E y que podemos leer en las etiquetas de la mayoría de los productos del comercio. Tendrás la posibilidad de preparar alimentos desprovistos de todo tipo de productos químicos, conservantes, colorantes artificiales y potenciadores de sabor. **¡Qué privilegio poder decidir los ingredientes que vas a encerrar en tus tarros!**

En suma, tendrás las riendas de los ingredientes y podrás elegir de acuerdo con tus principios, tus gustos y tus medios. ¡Podrás optar por ingredientes bío y éticos, pero solamente si así lo deseas! ¿Habrías podido imaginar que tu libertad total de expresión cabía en un tarro de alimentos lactofermentados?

El bienestar del cuerpo y de la mente

¿Nunca has experimentado esta sensación de bienestar y satisfacción después de haber pasado un tiempo preparando, con amor y placer, un platillo tú mismo y haberlo disfrutado con la familia o los amigos? ¿Tienes esta misma sensación después de haber hecho la compra en tu supermercado habitual? No, muy probablemente sales de allí, en el mejor de los casos, aliviado por haber terminado la tarea; en el peor, nervioso por haber perdido el tiempo en la caja, en los atascos, etc.

Entonces, imagina por un instante la sensación que podrá proporcionarte la fabricación de tus alimentos lactofermentados, sabiendo que, más allá del acto terapéutico que puede comportar la acción de cocinar, **¡transformas alimentos simples en superaliados de salud!**

Y por qué no aprovechar este momento pasado a solas contigo mismo para anclarte en el momento presente. Por qué no transformar la experiencia en un ejercicio de meditación de conciencia plena. Despierta tus sentidos: ¡observa los alimentos, fíjate en su color, tócalos y siéntelos! ¡Busca el placer en cada acto que realices!

Los más creativos disfrutarán modificando las recetas, atreviéndose a realizar combinaciones nuevas para asociar los sabores y los colores, al ritmo de las estaciones del año, según sus preferencias.

No sé si te ocurre, pero a mí, los alimentos lactofermentados me sacan la vena poética así que, en lugar de servirte una «oda al encurtido», prefiero arrastrarte, sin más dilación, al universo maravilloso de su fabricación.

EN RESUMEN

- Al realizar los alimentos lactofermentados tú mismo, pones en el tarro los beneficios que distribuye la madre naturaleza: **¡ingredientes frescos, sabrosos, nutritivos y sanos!**

- Optar por preparar tú mismo los alimentos lactofermentados no solamente es preocuparte por tu salud, también es **hacer un acto ecológico y económico.** ¡El planeta y tu monedero te lo agradecerán!

- Preparar alimentos cuando conoces sus efectos positivos sobre la salud es extremadamente gratificante, en un mundo que nos pide todos los días que seamos más competitivos y más eficaces. **¡Demos paso a la simplicidad!**

2

¡A VUESTROS TARROS!

CAPÍTULO 5

PLANIFICO

¡Antes de pasar a los fogones, se imponen unas pequeñas cuestiones de intendencia!

Sigo el ritmo de las estaciones

Te aportará muchos beneficios comer al máximo según el ritmo de las estaciones, porque las frutas y las verduras serán más sabrosas, más nutritivas y más baratas. Si las eliges de temporada, conservarás al máximo sus beneficios en tus tarros y podrás disfrutar a voluntad de ellas a lo largo de todo el año.

¿SABÍAS?

La irradiación de los alimentos

La irradiación es un procedimiento que permite alargar la duración de los alimentos sometiéndolos a rayos X o gamma. Esta técnica elimina las bacterias, ralentiza la maduración de las frutas e inhibe la germinación (de las patatas, por ejemplo).

Según la Unión Europea y la OMS (Organización Mundial de la Salud), este procedimiento no presenta riesgos de contaminación radiactiva para los consumidores. En cambio, la irradiación de los alimentos puede plantear problemas en la fermentación en casa, puesto que no se contenta con matar las bacterias patógenas, también elimina las bacterias beneficiosas al mismo tiempo, reduciendo así las posibilidades de realizar fermentaciones con éxito. ¡Otra buena razón para comprar localmente!

Hago la compra

Para obtener alimentos lactofermentados de alta calidad, no hay ningún secreto, los ingredientes de partida también deberán ser de excelente calidad.

Concretamente, esto significa adquirir productos muy frescos, locales y, vayamos todavía un poco más allá, no tratados.

- Los productos frescos contendrán, *a priori*, una mayor cantidad de enzimas activas y de bacterias beneficiosas.
- Los productos locales son la garantía de unos productos frescos y químicamente menos tratados.
- Los productos locales tienen menos posibilidades de haberse sometido a irradiación.
- Los productos no tratados conservan las bacterias naturalmente presentes en el suelo.

En la práctica

Para ello, algunas recomendaciones.

Busca un supermercado o una tienda de alimentación que venda productos locales

No dudes en preguntar a los empleados de dónde proceden sus frutas y verduras. Si aún no frecuentas los mercados de tu ciudad o pueblo, es el momento de empezar a hacerlo.

Cultiva

Si tienes la suerte de disponer de un jardín pero no de un huerto, saca tus botas y tus rastrillos y conéctate con la naturaleza y los alimentos que te rodean.

¿No tienes jardín? Infórmate, ¡quizá existe un huerto comunitario cerca de tu casa!

Pon en marcha tus redes

Sin duda, en tu entorno familiar o entre tus amigos, hay personas que no consiguen llegar a consumir todo lo que producen o que estarían muy contentas de ofrecerte fruta y verdura a cambio de una ayudita o de un frasco de alimentos lactofermentados. El trueque es tendencia, ¿verdad?

Crea un grupo en tu barrio

Crea un grupo de personas que compartan un mismo interés por los alimentos lactofermentados cerca de tu casa; intercambia tus frutas y verduras, tus recetas y tus descubrimientos. ¡Convierte la lactofermentación en un momento de convivencia y comunicación!

Añade tu granito de sal

La sal es un ingrediente importante en el proceso de lactofermentación, puesto que impide que las bacterias patógenas se desarrollen: tus preparados deberán OBLIGATORIAMENTE contener un mínimo del 2% (véase capítulo 7).

Pero existe una diferencia importante entre la sal utilizada en la fabricación industrial y la fabricación artesanal. En la fabricación industrial, la que se utiliza con mayor frecuencia es la sal de mesa (salvo si la etiqueta lleva la mención «sal natural»). La sal de mesa es una sal con una concentración muy elevada de sodio, pero que, durante el proceso de refinado, pierde su contenido en magnesio y en yodo, dos minerales importantes puesto que reducen los efectos negativos del sodio.

Sodio y potasio

El potasio ayuda a librarse del exceso de sodio en el cuerpo. Se dice a menudo que la sal es mala para la salud, pero tenemos tendencia a olvidar que nuestro cuerpo la necesita. ¡La lactofermentación también! La regla de oro en materia de sal es consumir, con moderación, una sal de calidad y acompañarla con alimentos ricos en potasio (como lo son gran número de verduras y, en especial, el boniato).

En tus fabricaciones caseras, puedes elegir entre una sal natural o una sal transformada según los métodos tradicionales en los que el magnesio y el yodo se han conservado. Por sí sola, contiene los minerales y los oligoelementos necesarios para el desarrollo del cuerpo y es la que dará el sabor más complejo a tus alimentos lactofermentados.

Desconfía también de las sales de mesa que llevan la mención «sal marina». El agua de mar, de la que procede la sal, se ha calentado en exceso y después se ha refinado, llevándose, durante este procedimiento, las impurezas y la contaminación, pero también los valiosos oligoelementos.

En resumen: sí a la sal natural o transformada tradicionalmente, pero no a la sal de mesa, la sal yodada y la sal a la que se han añadido antiaglomerantes u otros aditivos.

¡ATENCIÓN!

Cabe señalar que los cristales grandes de sal no son recomendables, porque se disuelven con bastante dificultad. Lo mejor es molerlos o triturarlos finamente antes de utilizarlos.

Me equipo

Tarros, tinajas de gres, botecitos

Por razones de higiene, te recomiendo encarecidamente que utilices **los tarros de cristal o las tinajas de gres**, que están especialmente diseñadas para la lactofermentación.

Los mejores tarros que encontrarás son los de la marca Le Parfait, que dispone de una buena selección de tarros de numerosos tamaños.

Para las tinajas de gres, a menos que vivas en Alsacia o aproveches un viaje a esta zona para visitar y comprar unas tinajas en una alfarería, tendrás que utilizar Internet. Estas tinajas son muy prácticas, pero el volumen más pequeño empieza por 5 litros. Salvo si tienes una familia muy numerosa o solo vives de alimentos lactofermentados, quizá es mejor que no inviertas en ellas al principio. ¡Tómate el tiempo de entrenarte y de decidir sobre el tipo de alimentos que te gustan más antes de meterte de lleno!

Los botecitos con tapa serán perfectos para la realización por pequeños lotes de yogures de soja o de coco.

¡RECUERDA

¡No utilices nunca recipientes metálicos y mantente alejado del plástico!

Presta todavía más atención cuando pongas en remojo las verduras en salmuera (como en el *kimchi* con agua), porque el aluminio interactúa con la salmuera. Opta por el cristal, la cerámica, el esmalte o un acero inoxidable de buena calidad.

La elección de los pesos

Para los encurtidos de verdura y el *miso*, necesitarás peso para impedir que los alimentos asciendan a la superficie y puedan quedar expuestos al aire, lo cual alteraría el proceso de fermentación. Deberías poder encontrar unos discos de cerámica o de cristal o pesos de plástico en las tiendas de utensilios de cocina; en el peor de los casos, en Internet.

Si no consigue encontrarlos, debes saber que existen soluciones alternativas y naturales: ¡una hoja o un centro de col —simplemente cubriendo el preparado y manteniéndolo todo bajo la salmuera— servirán perfectamente!

Tabla de cortar

Opta por los materiales de madera. El bambú, por ejemplo, ofrece un producto naturalmente antiséptico y respetuoso con el medio ambiente.

TRUCOS Y ESTRATEGIAS

Para limpiar las tablas de cortar de madera, empieza por cepi-llarlas con sal y después acláralas vertiendo agua previamente puesta a hervir. Déjalas secar completamente en posición ver-tical.

Pinzas de cocina

Utiliza unas pinzas de cocina (como las que se utilizan para darle la vuelta a la carne en una barbacoa) para evitar al máximo las contaminaciones de las manos en el interior de los recipien-tes que habrás esterilizado previamente. Pueden ser de acero inoxidable o de silicona.

Cuchillos y otros utensilios cortantes

Para algunos preparados, necesitarás cortar las verduras fina-mente. ¡Elige el medio que más te convenga!

Tipo	Ventaja	Inconveniente	Coste
Cuchillo de cocina	Fácil de limpiar, perfecto para las cantidades pequeñas	Necesita un mínimo de destreza	★★ / ★★★
Mandolina	Garantiza un corte uniforme	Mal uso = riesgo de corte profundo	★ / ★★
Robot de cocina	Rápido y fácil para las cantidades grandes	Voluminoso	★★★

Mano de mortero

Para eliminar las bolsas de aire y favorecer la secreción del jugo, a veces tendrás que aplastar cuidadosamente las verduras con una mano de mortero. Si no tienes mano de mortero, el mango de madera bastante ancho de cualquier utensilio de cocina te servirá.

Cepillo de verduras

Si todavía no tienes uno, invierte en un cepillo de verduras. Opta por la fibra natural (palmera, etc.).

EN LA PRÁCTICA

■ Para obtener lo mejor de los alimentos que quieras fermentar, **procura seguir el calendario de las estaciones de las frutas y verduras.**

■ **Empieza «poco a poco»:** no te lances, en el primer intento a la fermentación «en masa», intentando fermentar todas las coles que crezcan en tu huerto de una vez. Esto te permitirá familiarizarte con la técnica y no decepcionarte si, por cualquier motivo, te sale mal el primer intento!

■ **¡Lánzate con otras personas!** Invita a unos amigos, comparte tus verduras y preparadlas juntos. ¿Y por qué no comerte con ellos el primer frasco de alimentos lactofermentados que prepares? Quizá te parecerá menos intimidatorio que amigable.

CAPÍTULO 6

ALGUNAS REGLAS DE HIGIENE

No nos lo ocultemos, no sirve de nada ser un maniático o una maniática de la limpieza para tener éxito en los alimentos lactofermentados, pero se imponen algunas reglas de higiene. A algunos, les parecerá evidente, pero una buena higiene personal, así como una cocina y unos utensilios limpios, te ayudarán a evitar todo tipo de contaminaciones con bacterias patógenas, ¡a la vez que aumentarán las posibilidades de una buena fermentación! La clave del éxito: optar por soluciones respetuosas con el medio ambiente.

El ABC

Las manos

- En lugar de lavarlas con jabón antibacteriano, antes de empezar la preparación, sumérgelas en una salmuera bastante fuerte (2 cucharaditas rasas de sal por 10 cl de agua).

- Si tienes cortes o infecciones en las manos, utiliza unos guantes de plástico de uso alimentario.

Los utensilios y la cocina

- Opta por el **bambú** —u otros materiales con propiedades naturalmente antibacterianas— para los utensilios de cocina.

- Utiliza espátulas o pinzas de cocina **de silicona.** La silicona presenta una elevada resistencia al calor. Por lo tanto, puedes hervir o cocer tus utensilios de este material sin problemas.

- No olvides cambiar los productos de limpieza del comercio por **productos hechos por ti mismo,** por lo tanto, naturales. Por ejemplo, mezcla bicarbonato de sodio y unas gotas de aceite esencial de *tea tree* (árbol del té). Diluye este preparado en agua y viértelo en un vaporizador para limpiar las superficies. Para las manchas más tenaces, forma una pasta con esta mezcla y aplícala directamente en la superficie que quieras limpiar. Después, aclárala con una esponja húmeda.

¡RECUERDA!

Los productos para lavar la vajilla son el enemigo n.º 1 de la fermentación.

No lo decimos bastante, pero los productos para lavar la vajilla a menudo son la causa del fracaso de una fermentación. Para evitar los residuos de jabón y de productos para lavar la vajilla en los tarros y los utensilios, acláralos con abundante agua bien caliente. Sobre todo los que salgan del lavavajillas.

Dos métodos de esterilización

Son los dos más conocidos, fáciles y rápidos, pero debes saber que existen otros: esterilización al horno, al vapor, etc.

Con agua hirviendo

Es el método de esterilización doméstica clásico, fácil y rápido, perfecto para la esterilización de los tarros de cristal, botellas y utensilios de acero inoxidable pequeños y medianos.

1. Coloca los tarros, las tapas, las juntas de plástico y las cucharas en una cacerola ancha y cúbrelos de agua.

2. Ponlos a hervir durante unos 10 minutos.

3. Escúrrelos y déjalos secar al aire libre sobre un trapo limpio. Deja secar los tarros en una posición ligeramente inclinada para evitar la formación de condensación en el interior del tarro.

4. Deja enfriar completamente los tarros antes de llenarlos.

Espray de vodka

Es un método adecuado para los tarros o los recipientes de gran tamaño. Basta con llenar un vaporizador con vodka (u otro alcohol muy fuerte, siempre que no esté aromatizado) y vaporizar el interior de los tarros o los recipientes de un tamaño demasiado grande para la esterilización con agua hirviendo. Déjalos secar al aire o seca el excedente con papel absorbente, teniendo cuidado de no tocar el interior del recipiente con la mano desnuda.

¿Cómo lavar la fruta y la verdura?

Si son bío y sin pesticidas, intenta conservar la piel de la fruta y la verdura, porque contiene bacterias amigas, vitaminas y enzimas útiles. En cambio, tendrás que eliminar los restos de tierra y de suciedad que pueden cubrirlas con la ayuda de un cepillo.

Para los productos no bío, hay que desconfiar de los pesticidas con los que han sido tratados y de la cera artificial con la que pueden haber sido cubiertos para darles una apariencia más brillante: las dos cosas son bastante difíciles de eliminar.

Por eso, recomiendo la utilización de productos locales y bío en la preparación de los productos fermentados.

Vamos a ver algunas técnicas que te permitirán conservar un máximo de bacterias amigas en la superficie y de nutrientes en el interior.

Col

Elige un cogollo de col con hojas bien tupidas. Elimina las primeras hojas. No sirve de nada lavar la col, porque es una verdura que se muestra muy resistente a los pesticidas. Solo me ha salido mal el chucrut una vez: ¡cuando lavé cada hoja de la col minuciosamente!

Verduras de raíz

Frótalas con el cepillo de verduras para quitar los restos de tierra. Bajo un chorrito de agua, cepíllalas suavemente efectuando movimientos circulares. Procura eliminar bien toda la suciedad sin dañar la piel de las verduras.

Verduras de hoja y hierbas aromáticas frescas

Sacúdelas en agua fría y limpia, y sécalas en una centrifugadora de lechuga.

Frutas

Sumérgelas en una solución de bicarbonato de sodio durante 5 minutos (1 cucharada en 2 o 3 litros de agua). También puedes sumergirlas en el agua de aclarado del arroz: se trata del agua de aspecto lechoso que se obtiene después de haber aclarado vigorosamente el arroz con agua clara. Además de limpiar la fruta, te aportará una fuente interesante de microorganismos.

Limones

Espolvorea los limones con sal y frótalos suavemente entre las manos hasta que los granos de sal desaparezcan. Sécalos con un papel absorbente limpio.

Éxito o fracaso: ¿cómo comprobarlo?

¿A qué huele?

🙂 Un olor afrutado agradable o una ligera acidez.

🙁 Amonio: en este caso, tira el producto obtenido. Si huele a vinagre o a levadura, todavía puedes consumir el producto, pero tu preparado sin duda está más cerca de una fermentación con vinagre / con levadura que de una lactofermentación.

¿Qué ves?

🙂 Los colores son armoniosos. El preparado puede parecerte un poco opaco / turbio. ¿Hace espuma? En el caso de alimentos lactofermentados, indica una buena fermentación.

🙁 Moho de color rojo, verde o negro. Moho dudoso.

¿Qué textura tiene?

🙁 ¿Es viscoso? Tíralo.

¿Qué sabor tiene?

🙂 Ligeramente amargo y/o refrescante.

🙁 Deja una sensación extraña, desagradable, fuerte o picante en la boca.

EN LA PRÁCTICA

■ Para conservar al máximo las bacterias amigas, **respeta unas reglas de higiene simples y opta por soluciones naturales.** ¡Esto es válido también para los utensilios!

■ **La misma medida para la limpieza de la fruta y la verdura:** queremos eliminar la suciedad, pero queremos conservar al máximo las bacterias buenas, las vitaminas y las enzimas.

■ **Confía en tus sentidos para valorar el éxito de tus preparados lactofermentados.** ¡Ante la duda, es mejor volver a empezar!

CAPÍTULO 7

LAS RECETAS CLÁSICAS

La teoría está bien, ¡pero ahora ha llegado el momento de pasar a la acción! Saca tu delantal más bonito, prepara el material y elige entre estas 12 recetas «clásicas» la que más te tiente, la que te parezca más fácil de realizar o quizá aquella de la que hayas oído hablar y tengas curiosidad por intentar.

Las esenciales

Salmuera

Se trata de una mezcla de agua y sal natural que se utiliza en cierto número de recetas lactofermentadas. Pon agua a hervir y añade la sal. Remueve hasta que la sal se haya disuelto por completo y deja enfriar.

¡RECUERDA!

La relación es siempre la misma: 1 cucharadita rasa de sal natural por 25 cl de agua mineral o purificada. Durante la preparación de una receta, si no tienes suficiente salmuera para cubrir todas las verduras, vuelve a prepararla con esta misma relación.

Agua de arroz

El agua de arroz proporciona una fuente suplementaria de nutrientes gracias al salvado de arroz: vitaminas B1, B2 y E; evita el sabor amargo de algunas verduras, permite que las verduras conserven un color brillante y da un aspecto más blanco a ciertas verduras (nabos, daikon, etc.).

Para obtener agua de arroz, aclara, con agua clara, 2 tazas de arroz. Tira la primera agua de aclarado. Repite la operación. Frota suavemente el arroz entre las manos. Aclara y guarda esta agua. El color de la última agua debería ser tan blanco como la leche.

- Cualquier arroz será útil, pero evita el arroz precocido y el arroz integral.

- No tires el arroz después de haberlo lavado. Aprovéchalo para cocinar un arroz salteado con *kimchi*, por ejemplo (**véase p. 111**) o una de tus recetas habituales a base de arroz.

Temperatura de fermentación

Para todas las recetas de este libro, excepto indicaciones en sentido contrario en la receta, la fermentación debe hacerse en una habitación entre 16 y 20 °C.

Conservación de los tarros

Una vez abiertos, excepto indicaciones en sentido contrario en la receta, todos los tarros deben conservarse en la nevera y deben consumirse en los próximos tres meses. Los tarros no abiertos se conservan durante aproximadamente un año.

Después de abrir el tarro, procura que los trozos (de col en el chucrut, por ejemplo) queden sumergidos en la salmuera.

Chucrut en salmuera

Esta receta es relativamente fácil y rápida. Es muy adecuada para los principiantes de la lactofermentación. También es perfecta para las personas que quieren preparar pequeñas cantidades de alimentos lactofermentados. Yo empecé a iniciarme en el chucrut con esta receta y después, a lo largo de los años, aporté algunas pequeñas modificaciones para hacerla más fácil y prácticamente imposible de malograr. Como verás, el resultado no tiene nada que ver con el chucrut que se puede encontrar en el comercio.

Equipo
Un tarro de cristal de pequeño tamaño (unos 25 cl); un buen cuchillo de cocina o una mandolina; una mano de mortero de madera; una tabla de cortar bastante grande; un vaso medidor; plástico alimentario de buena calidad; unas pinzas de carne; pesos limpios.

Ingredientes
■ 1 col verde ■ 1 hoja de laurel ■ 25 cl de salmuera (véase p. 78)

Preparación
1. Esteriliza el tarro y los utensilios (excepto los de madera).

2. Reserva unas bonitas hojas de la col, que servirán más adelante, y corta finamente el resto de la col.

3. Utilizando las pinzas de carne, llena el primer tarro de col. Apriétalo suavemente con la mano de mortero. La idea no es aplastar la col, sino extraer al máximo su jugo y evitar las bolsas de aire. No sirve de nada ensañarse con la mano de mortero, utiliza su peso para ejercer una presión ligera.

4. Añade col y repite la operación de prensado hasta llenar todo el tarro. Deja un buen centímetro entre la col y la parte superior del tarro.

5. Coloca una hoja de laurel sobre la col.

6. Corta una de las hojas reservadas en la etapa 2 y colócala de manera que cubra toda la superficie de la col. No dudes en dar golpecitos suaves con la mano de mortero para que se forme una especie de junta natural entre la col y el borde del tarro.

7. Añade los pesos.

8. Vierte suavemente la salmuera hasta llenar el tarro.

9. Coloca un trozo de plástico alimentario y cierra el tarro.

10. Repite las etapas si tienen suficiente col para llenar otros tarros.

Fermentación inicial

1. Coloca el tarro sobre un plato y déjalo en la superficie de trabajo.

2. Al cabo de 2 o 3 días, deberías ver aparecer unas burbujitas. Es el signo de una buena fermentación. Es posible que se escape líquido, empujado por el gas. Si ocurre, limpia el plato y el tarro regularmente. No abras nunca el tarro, porque comprometerías el entorno anaerobio (es decir, desprovisto de oxígeno) necesario para la fermentación.

3. Cuando las burbujas hayan dejado de formarse, limpia cuidadosamente el tarro y colócalo en un lugar seco, protegido de la luz.

Maduración y conservación

1. En teoría, este tarro de col fermentada debería estar listo para el consumo al cabo de 2 semanas. Pero cuanto más esperes mejor será. Como el buen vino, la col mejora al envejecer. Se vuelve todavía más fácil de digerir. Si tienes paciencia, guárdala 3 meses a una temperatura inferior a 20 °C y después colócala en la nevera.

2. Véase «Conservación de los tarros», **p. 79**.

TRUCOS Y ESTRATEGIAS

■ Puedes utilizar todos los tipos de col para esta receta, pero la col de Milán o la col roja tardarán más tiempo en fermentar, porque son más secas y tienen menos azúcares.

■ Añade hierbas aromáticas de tu elección: granos de mostaza, comino, cilantro…

 # Chucrut tradicional

Es una receta tradicional de chucrut tal como se prepara en los países de la Europa del Este. Es difícil que falle, pero ya verás que cada «cosecha» es diferente, ya que sus sabores varían en función de los condimentos que se utilizan, del entorno en el que te encuentres e incluso de la energía que pongas en golpear las verduras con la mano de mortero. ¡Si estás alegre, encontrarás esta alegría en tus tarros!

Equipo

Una ensaladera grande de cerámica o de cristal; un gran tarro de cristal o de cerámica o una vasija de fermentación para chucrut; todo el equipo del chucrut en salmuera (**véase p. 80**).

Ingredientes

- Unos 2 kg de col verde ■ 1 zanahoria grande (o 2 pequeñas)
- 1,5 cucharada de sal natural ■ ¾ de cucharada de azúcar de coco o de arce ■ 2 cucharaditas de semillas de alcaravea o de comino ■ 2 o 3 hojas de laurel ■ 25 cl de salmuera (véase p. 78)

Preparación

1. Esteriliza los recipientes y los instrumentos. Si tu vasija es demasiado grande para ponerla a hervir, simplemente puedes vaporizar vodka por las superficies interiores y sobre los pesos.

2. Trocea finamente las verduras.

3. Añade la sal y mezcla. Deja reposar unos 15 minutos o hasta que las verduras se reblandezcan.

4. Presiona cuidadosamente las verduras con la mano de mortero durante unos 10 minutos. Esta acción debería permitir extraer suficiente jugo para cubrirlas completamente una vez en la vasija. Añade las hierbas aromáticas y el laurel.

5. Traslada las verduras (sin el jugo) a la vasija o al tarro y presiónalas cuidadosamente con la mano de mortero. Añade el jugo extraído anteriormente. Si no tienes suficiente para cubrir un buen centímetro la superficie de las verduras, añade salmuera.

6. Coloca el peso que elijas en la superficie y después cierra el tarro sin apretar o cúbrelo con un trapo limpio.

Maduración y conservación

1. Una vez al día, durante los 3 primeros días, pincha el preparado en tres lugares diferentes con palillos de bambú o pinchos para brochetas esterilizados. Si se forma espuma blanca en la superficie, no hay problema, ¡es el signo de que la fermentación está bien activa!

2. Después de estos 3 días, cierra el tarro y ponlo en la nevera o en una despensa bien fresca, si dispones de una.

3. Después de 2 semanas, este tarro está listo para su consumo. ¡Pero, para un sabor más maduro y unas verduras más blandas, debes esperar al menos 3 meses!

4. Véase «Conservación de los tarros», **p. 79**.

Variantes

■ Sustituye la col verde por col roja. La col roja necesita más tiempo para fermentar, ¡pero aportará un bonito toque de color a tus platos!

■ Utiliza diferentes hierbas aromáticas: ¡piensa en los granos de anís o en los granos de pimienta que, además de su sabor único, tienen una acción antibacteriana!

■ Sustituye una parte del azúcar por trocitos de manzana, deliciosa y naturalmente dulce.

 # *Kimchi* tradicional

¿Quizá te has preguntado alguna vez cuál es el secreto de la tez perfecta de las coreanas? Pues bien, si te gustan los alimentos especiados, encontrarás en el *kimchi* tradicional la respuesta a esta pregunta. Esta receta de *kimchi* es especialmente salada, por lo que te recomiendo utilizarlo como un ingrediente en tus aliños en lugar de consumirlo como tal.

Cabe señalar que la receta tradicional contiene anchoas o gambas fermentadas; esta receta, en cambio, solo contiene ingredientes vegetales, más fáciles de encontrar fuera de Corea.

Equipo

Una ensaladera de cerámica bastante ancha; un buen cuchillo de cocina; una tabla grande de cortar; un colador; un tarro grande de cristal o una vasija de fermentación; pesos; un par de guantes alimentarios.

Ingredientes

- 1 col china o napa (unos 2 kg) ■ 300 g de rábano blanco (daikon) ■ 1 taza de sal natural ■ 5 tazas de agua mineral o filtrada

Para la salsa:

- 3 cucharadas de *amazake* (bebida a base de arroz fermentado – véase cuadro p. 87 para la receta casera) ■ ½ pera de Anjou ■ 2 cucharadas de puré de boniato ■ 1,5 cucharadas de salsa de soja o de *miso* ■ 1 cucharada de sal natural ■ ¼ de taza de pimiento rojo en polvo o en copos ■ 2 cucharadas de ajo picado ■ ½ cucharada de jengibre rallado ■ 3 cebollas de primavera o nuevas

Preparación

1. Corta verticalmente la col en 12 trozos. Colócala en una ensaladera de cerámica. No utilices recipientes de metal.

2. Disuelve ¼ de taza de sal en 4 tazas de agua y cubre la col. Quizá tengas que superponer dos capas de col.

3. Espolvorea ¼ de taza de sal sobre la parte blanca y gruesa de la capa superior de col. El objetivo es llenar de sal el espacio entre las hojas de col. Levanta la capa superior de col y repite la operación con la capa inferior.

4. Deja reposar en una habitación a una temperatura entre 16 y 20 °C durante 6 horas. Espolvorea ¼ de taza de sal sobre el rábano cortado en láminas y déjalo reposar también en la misma habitación durante 6 horas.

5. Al final del periodo de espera, prepara la salsa: pela y ralla la pera, pica finamente las cebollas y después mezcla todos los ingredientes para la salsa.

6. Aclara la col y el rábano con agua y déjalos escurrir completamente en un colador.

7. Ponte el par de guantes alimentarios y extiende cuidadosamente la salsa sobre cada hoja de col y cada rodaja de rábano.

8. Llena el recipiente con estas verduras. Aplica una ligera presión sobre cada nueva capa de verduras. Coloca un peso en la superficie y cierra el recipiente.

Maduración y conservación

1. Después de 1 o 2 días, coloca el recipiente en la nevera o en una despensa bien fresca. El preparado está listo para su consumo a los 5 días. Pero, para un sabor más complejo, intenta tener paciencia durante al menos 3 meses.

2. Guárdalo en la nevera y consúmelo en los próximos 3 meses.

Variantes
Para una versión no vegetariana y un sabor más auténtico, sustituye la salsa de soja por salsa de pescado tailandés o por pasta de gambas.

Hacer *amazake*

El *amazake*, diluido en agua caliente, es una bebida tradicional de Japón. También se puede añadir a un *smoothie* o a una masa para hacer torrijas sin leche. Si no lo encuentras en el comercio (puedes encargarlo por Internet), siempre puedes hacerlo tú mismo.

[Equipo] Una botella termo de buena calidad de más de 1 litro; un termómetro de cocina; tarros esterilizados.

[Preparación] La víspera, pon en remojo 180 g de arroz glutinoso en agua fría. Al día siguiente, aclara y escurre el arroz, y ponlo a cocer en tres veces y media su volumen de agua, hasta obtener una textura parecida a la de unas gachas esponjosas. Espera que baje la temperatura a 60 °C.

Durante este tiempo, vierte 1 litro de agua hirviendo en el termo y ciérralo. Desmigaja 200 g de *koji* seco en las gachas de arroz y mézclalo bien. Vacía el agua del termo y transfiérela a las gachas de arroz, que deberían estar a una temperatura comprendida entre 60 y 65 °C.

Espera 11 horas y después prueba el preparado. Deberías obtener unas gachas ligeramente líquidas y dulces. Cuando las gachas todavía estén calientes, transfiérelas a los recipientes esterilizados. Ciérralos. Colócalos en la nevera cuando el preparado se haya enfriado.

 *Kimchi* al agua

Comparada con el *kimchi* tradicional, esta versión contiene mucha menos sal. Puedes comerte las verduras en ensalada, pero su interés reside también –incluso sobre todo– en su jugo, que se puede consumir. En efecto, el líquido obtenido a partir de esta receta contiene una cantidad dos veces más importante de bacterias lácticas que el *kimchi* tradicional, más conocido en nuestros países.

Equipo
Una cacerola pequeña de fondo grueso; una ensaladera de cristal o de cerámica bastante ancha; una tabla de cortar; un buen cuchillo de cocina.

Ingredientes
■ 7 cm de raíz de rábano blanco (daikon) ■ ½ manzana de una variedad dulce (o ¼ si la manzana es muy grande) ■ 40 cl de agua de arroz (véase p. 78) ■ 1 cucharadita de sal natural ■ 1 cucharadita de azúcar de arce ■ 1 pimiento entero seco (rojo o verde) ■ 1,5 cm de jengibre fresco

Preparación

1. Vierte el agua de arroz, la sal, el azúcar de arce, el pimiento y el jengibre sin pelar, cortado en rodajas finas, en una cacerola y caliéntalo a fuego medio. Retíralo del fuego justo antes de que empiece a hervir y déjalo enfriar (hasta una temperatura de 30 °C).

2. Corta el rábano y la manzana en rodajas. Colócalos en una ensaladera y espolvoréalos con sal.

3. Cuando el rábano empiece a desprender líquido, vierte sobre las verduras el agua de arroz tibia. Cúbrelas con un trapo o con plástico alimentario.

Maduración y conservación

1. El preparado está listo cuando su sabor se vuelve amargo. En función de la temperatura de la habitación, puede tardar 1 o 2 días en verano y 2 o 3 días en invierno.

2. Guárdalo en la nevera y consúmelo en los próximos 3 días.

¡RECUERDA!

Consume las verduras pero también el líquido, una excelente fuente de bacterias lácticas.

Variantes

Variantes de invierno: col china, nabo, rábano blanco.
Variantes de verano: pepino, apio, zanahoria.

Pepinillos en salmuera a la polaca

Contrariamente a los pepinillos de bote que se encuentran fácilmente en el comercio, esta receta, más sana, no contiene ni vinagre ni azúcar.

Equipo

Tarros de cristal (de una capacidad total de 2 litros); un peso limpio; guantes alimentarios.

Ingredientes

- 1 kg de pepinillos
- 1,5 litros de agua mineral o filtrada
- 2 cucharadas rasas de sal natural
- ½ manojo de eneldo

fresco con sus tallos ■ 2 hojas de viña fresca ■ 2 dientes de ajo ■ unos granos de pimienta y mostaza ■ agua de arroz para el remojo (véase p. 78)

Preparación

1. Aclara los pepinillos y ponlos en remojo en agua de arroz durante 1 hora. Este método de remojo suaviza los pepinillos y permite que el agua mineral se infiltre profundamente.

2. Prepara la salmuera hirviendo el agua y la sal, y después déjala enfriar completamente.

3. Esteriliza los tarros. Si utilizas una vasija de fermentación, simplemente vaporiza vodka en el interior.

4. Escurre los pepinillos. Aclara las hierbas con agua dulce y sécalas cuidadosamente.

5. Ponte un par de guantes alimentarios para evitar contaminar los tarros (la utilización de pinzas para carne me parece delicada para este preparado) y coloca 1 o 2 hojas de viña y unos tallos de eneldo en el fondo del tarro.

6. Llena el tarro de pepinillos e intercala un diente de ajo de vez en cuando. A medio tarro, vierte unos granos de pimienta y de mostaza. Cúbrelo todo con una última hoja de viña y coloca el peso encima.

7. Llena con cuidado el tarro de salmuera hasta que cubra las verduras por completo. Cubre la parte superior del tarro con plástico alimentario de buena calidad y ciérralo.

Maduración y conservación

1. Véanse los puntos 1 y 2 de la fermentación inicial del chucrut en salmuera en la **p. 81**.

2. Cuando las burbujas hayan dejado de formarse, limpia cuidadosamente el tarro y métela en la nevera, donde continuará produciéndose la maduración. Después de 2 o 3 días, los pepinillos estarán listos para su consumo. Cómetelos a lo largo de la semana.

Variantes
Sustituye los pepinillos por pepinos muy pequeños.

Miso de lentejas

Si ya has saboreado un bol de *miso* en un restaurante de sushi o has probado las bolsas «listas para su uso» y los has encontrado demasiado salados, te recomiendo encarecidamente este *miso* de lentejas con un gustito sabroso de legumbres bien cocidas, al que se añade un toque dulce. Combina muy bien con un caldo o una sopa. El *koji* le aporta el famoso quinto sabor «umami». Todo un poema, ya lo verás…

Equipo
Un recipiente de una capacidad de unos 2 litros con gollete muy ancho; una cacerola o una olla a presión; un colador; un pasapuré o una mano de mortero de madera; plástico alimentario de buena calidad.

Ingredientes
■ 500 g de lentejas verdes ■ 500 g de *koji* seco ■ 150 g de sal natural

Preparación
1. Aclara cuidadosamente las lentejas.

2. Esteriliza el tarro.

3. Pon a cocer las lentejas en dos veces su volumen de agua hasta que obtengas una consistencia cremosa, ligeramente líquida. Las lentejas siempre tienen que estar cubiertas de agua. Si obtienes un resultado demasiado líquido, retira un poco de agua, pero consérvala para más adelante. Si quieres cocerlas en la olla a presión, sigue las instrucciones del aparato.

¿SABÍAS?

A causa de un interés creciente por la bacteria de *koji* en Europa, puedes prescindir del viajecito a Japón para conseguirlo. ¡Lástima!

En Francia, puedes encontrarlo en el sitio web **yoromiso.fr**.

Más adelante, cuando domines el arte de cultivar las bacterias, puedes preparar tus propias bacterias de *koji* tú mismo, ¡pero, para los principiantes, es mejor contentarse con comprarlas!

TRUCOS Y ESTRATEGIAS

Comprueba la cocción de las lentejas presionando una lenteja entre el pulgar y el índice. ¡Si la lenteja se aplasta, está cocida! Esto mismo sirve para la cocción de todas las legumbres.

4. Durante este tiempo, mezcla, preferiblemente a mano, la sal y el *koji*.

5. Aplasta las lentejas hasta la obtención de un puré cremoso, que puede quedar ligeramente líquido.

6. Añade la mezcla de sal-*koji* al puré de lentejas todavía caliente y mezcla bien. Si la consistencia te parece dema-

siado seca, no dudes en añadir unas cucharadas de agua de cocción.

7. Forma bolitas del tamaño de pelotas de *ping-pong* con la mezcla de lentejas y échalas, una a una y firmemente, en el tarro esterilizado, para evitar la formación de bolsas de aire.

8. Coloca un trozo grande de plástico alimentario de forma rectangular sobre el tarro. Coloca un segundo trozo en el otro sentido. Introduce el puño en el tarro elevando los extremos del plástico hasta la muñeca si se engancha a las paredes del tarro. De esta manera, podrás cubrir la superficie de las bolitas con este plástico. Levanta entonces todos los extremos contra las paredes del recipiente. Con el puño o el dorso de la mano, aplana las bolitas de manera que quede una superficie lisa. Acaba vertiendo una buena capa de sal de mesa (barata, porque no entrará en contacto con el preparado) sobre la superficie del plástico alimentario para impedir la formación de moho. Esta capa de sal servirá también de peso.

Maduración y conservación

1. Cuando la mezcla se haya enfriado, cierra el tarro.

2. Guárdalo en un lugar fresco, seco y protegido de la luz.

3. Al cabo de 2 meses, comprueba el *miso*. Si aparece moho en la superficie, retira la zona afectada, vaporiza un poco de vodka y después cambia un trozo de plástico alimentario y una capa de sal de la superficie.

4. Este *miso* de lentejas estará listo para el consumo al cabo de 2 o 3 meses, si se coloca en un lugar a una temperatura entre 16 y 20 °C. Al abrirlo, el *koji* debería desprender un olor ligeramente dulce. Si aparece moho en la superficie, retira la zona afectada y vaporiza un poco de vodka.

5. Pásalo a tarros más pequeños y guárdalos en la nevera. Consúmelo en los próximos 6 meses.

 # *Miso* de soja tradicional

Aunque el *miso* de soja es una comida tradicional de los países de Asia del Este, su interés parece aumentar en Europa y, principalmente, entre los vegetarianos, veganos y amantes de la cocina sana. ¡Varios grandes chefs incluso empiezan a interesarse por él! Dicho esto, el *miso* es un alimento «exótico», con un precio relativamente elevado en el comercio. Lo cual no ocurrirá cuando lo fabriques tú mismo. Por otra parte, el sabor y los beneficios de tu *miso* casero superarán a los del comercio.

Equipo

Véase la receta del *miso* de lentejas en la **p. 91**; papel sulfurizado; gomas elásticas.

Ingredientes

- 500 g de habas de soja, bío y sin OGM ■ 500 g de *koji* seco
- 200 g de sal natural ■ 15 cl de agua de cocción de las habas de soja

Preparación

1. Pon la soja en remojo durante 24 horas en agua fría (en verano, puedes acortar el tiempo de remojo a 12 horas). Escúrrela y aclárala cuidadosamente.

2. Esteriliza el tarro.

3. Sigue las etapas 3 a 8 del *miso* de lentejas en **pp. 92-93**.

Maduración y conservación

1. Cuando la mezcla se haya enfriado, cierra el tarro y cubre la tapa con papel sulfurizado sujeto con una goma elástica.

2. Guárdalo en un lugar fresco, seco y protegido de la luz.

3. Durante el periodo de maduración, el *miso* de soja debe «airearse» al menos 3 veces. Véase el cuadro de la página siguiente.

4. ¡Espera 10 meses y ya está listo! Tu joven *miso* tendrá el sabor dulce del *koji*. Puedes saborearlo como un «dip». Pero el placer gastronómico y sus beneficios nutritivos se multiplicarán si esperas un poco más. Transfiere el *miso* a tarros esterilizados más pequeños, que podrás guardar más tiempo. Te recomiendo que prolongues la maduración durante 2 años. El *miso* adquirirá entonces el sabor de un brandy afrutado, con el sabor «umami» complejo y agradable.

¿Cómo airear el *miso* de soja?

1. Abrir el tarro y retirar el plástico y la sal.

2. Comprobar si se ha formado moho; si se ha formado, quitarlo y después vaporizar un poco de vodka en la zona afectada.

3. Remover el *miso* concienzudamente en toda la profundidad del recipiente.

4. Presionar firmemente el preparado.

5. Colocar el plástico alimentario en la superficie y después una capa de sal de mesa de 1,5 cm de grosor.

6. Cerrar el tarro y envolverlo con papel sulfurizado sujeto con una goma elástica.

Nota. Idealmente, habría que empezar a preparar el *miso* a mitad de invierno, cuando hace más frío. Este frescor permitirá un buen desarrollo de los hongos de *koji* y de las otras bacterias beneficiosas, como las bacterias lácticas.

¿SABÍAS

A menudo, basta un pequeño toque de *miso* para realzar el sabor de un plato, tanto salado como dulce. El *miso* no debe limitarse a la sopa o a los platos salados. En efecto, combina de maravilla con los sabores dulces.

El *miso* también es un aliado importante para contrarrestar la acidez y las propiedades de ciertos ingredientes. El *miso* y el tomate, por ejemplo, forman un dúo interesante. ¡Piensa en él cuando prepares una salsa de tomate casera!

Variantes

Si no eres fan de la soja, no dudes en sustituirla por garbanzos o alubias blancas.

Limones confitados con sal a la oriental

Este condimento fermentado con limón, muy popular en las regiones de Palestina, es fácil de hacer, refrescante y bueno para la salud. Si lo integras a tus preparados, disminuirás el consumo de sal, gracias al sabor «umami» que le dará la fermentación.

Equipo

Un tarro de cristal bastante ancho, una tabla de cortar; un buen cuchillo de cocina.

Ingredientes

■ 4 o 5 limones bío (la cantidad puede variar en función del tamaño del tarro y de los limones) ■ 500 g de sal natural (y un poco para lavar los limones)

Preparación

1. Esteriliza el tarro.

2. Aclara rápidamente los limones con agua para eliminar toda la suciedad. Sin embargo, procura no frotarlos o cepillarlos demasiado fuerte. Sécalos con un papel absorbente.

3. Frota los limones con un poco de sal para limpiar la superficie y después sécalos de nuevo con papel absorbente. Elimina los extremos de los limones y córtalos en rodajas de 1 cm aproximadamente.

4. Vierte una pequeña capa de sal, de ½ cm, en el fondo del tarro. Alterna las capas de limón y de sal, y acaba con una capa de sal de alrededor de 1,5 cm, que deberá cubrir completamente los limones, para reducir la exposición al aire. No es necesario un peso para este preparado. No sirve de nada presionar fuertemente los limones, pero se recomienda un trabajo cuidadoso.

Maduración y conservación

1. Cierra el tarro y colócalo en un lugar fresco y protegido de la luz durante 1 semana (un armario de la cocina o una despensa servirán).

2. Al cabo de 1 semana, deberías ver aparecer un líquido amarillo: la esencia de limón. ¡Está listo!

3. En las 2 semanas que siguen a la fabricación de estos limones confitados, no olvides agitar el tarro cada 2 o 3 días para favorecer una maduración unificada dentro del tarro. El preparado se conservará a temperatura ambiente o en la nevera durante al menos 2 años.

Variantes

Sustituye los limones por kumquats u otros cítricos.

Queso de cabra fresco

¡Si tienes la suerte de poder conseguir leche de cabra fresca, en primavera, intenta imperativamente preparar esta receta rápida!

Equipo

Una cacerola grande; una cuchara de madera; un termómetro de cocina; un colador chino; muselina (que puedes coser en forma de bolsa); cordel de cocina.

Ingredientes

- 50 cl de leche de cabra cruda (no pasteurizada o tratada a temperatura muy baja) ■ 1 cucharada de zumo de limón recién exprimido ■ 1 cucharada de vinagre de sidra no pasteurizada ■ ¼ de cucharadita de sal natural ■ hierbas aromáticas secas (perejil, estragón, etc.) según tus gustos

Preparación

1. Vierte la leche de cabra cruda en una cacerola. Caliéntala a 80 °C. Cuando se haya alcanzado esta temperatura, baja el fuego y remueve constantemente durante 10 minutos manteniendo una temperatura homogénea de 80 °C.

2. Saca la cacerola del fuego y vierte poco a poco el zumo de limón en la leche. Remueve con cuidado con unos breves movimientos circulares. Añade el vinagre y remueve brevemente. Deja reposar 10 minutos. Verás que se disocia la parte líquida de la sólida.

3. Superpón dos cuadrados/bolsas de muselina y colócalos en un colador chino antes de verter muy lentamente la leche.

4. Anuda los extremos de la bolsa o de los cuadrados de muselina con cordel de cocina. Cuélgalo y deja que se escurra durante 1 o 2 horas o hasta que todo el líquido se haya escapado.

5. Espolvorea las hierbas secas sobre el queso. Déjalo reposar en la nevera, en la muselina, hasta que el queso haya cuajado. Consúmelo antes de una semana.

Variantes

Si te gusta el sabor dulce, sustituye las hierbas secas por dados de fruta seca (albaricoque, arándano rojo, etc.) o por un chorrito de miel natural.

Queso vegano fácil

Con esta receta, es difícil saber que se trata de un queso vegetal. En efecto, el adobo con *miso* de tofu confiere a este queso el gusto de un camembert suave y ahumado. El sabor de este queso está determinado por el tipo de *miso* utilizado. Yo hago un poco de trampa con esta receta, porque no recurre realmente a la lactofermentación, pero utiliza en sus ingredientes alimentos lactofermentados (*miso* y mirin), lo cual te permitirá disfrutar de los beneficios de las bacterias lácticas y otras vitaminas y minerales contenidos en el *miso*. Sin embargo, cabe señalar que este queso puede ser muy salado. Algunos preferirán utilizarlo en pequeña cantidad como condimento.

Equipo
Una bolsa de congelación con cremallera; un peso (una tabla de cortar de madera o un tarro lleno de agua colocado sobre un plato servirán); papel absorbente.

Ingredientes
■ 150 g de *miso* bío no pasteurizado (preferiblemente un *miso* de cebada; puedes mezclar *miso* de soja roja y *miso* blanco) o casero ■ 3 cucharadas de mirin o de vino de postre dulce ■ 250 g de tofu extrafirme fresco (evita los que se venden en envoltorios al vacío desprovistos de agua) ■ 2 cucharadas de malta de arroz o de cebada (opcional)

Préparation
1. Prepara el adobo: pon a hervir el bloque entero de tofu durante 10 minutos o hasta que el agua se enturbie. Escúrrelo y córtalo por la mitad.

2. Coloca el tofu sobre papel absorbente y después cúbrelo con un peso para extraer toda el agua. No presiones demasiado fuerte el tofu, porque podría romperse. Déjalo así durante unos veinte minutos.

3. Mezcla el *miso*, el mirin y la malta de arroz en una bolsa de congelación y después añade el tofu escurrido. Asegúrate de que el adobo cubre todas las caras del tofu. Colócalo en la nevera durante 1 semana.

4. Elimina el excedente de *miso* en la superficie del tofu y córtalo en dados pequeños. Colócalos sobre trozos pequeños de pan, crackers salados o rodajas de pepino.

Yogur de soja

No había apreciado nunca realmente el yogur de soja hasta que lo preparé yo misma. Esta receta utiliza miel natural como cultivo de partida. ¡Es superfácil y todo el mundo debería haberlo probado al menos una vez en la vida!

¿No te gusta la leche de soja? Utiliza otra leche vegetal. El único imperativo es elegirla sin azúcar, con un contenido en grano/fruto seco elevado (mínimo 8%) y ningún otro ingrediente que no sea el grano o el fruto seco y el agua.

Equipo
Un cartón de leche de soja (no hace falta vaciarlo, porque vamos a utilizar toda la leche que contiene para la receta); una cuchara previamente esterilizada o una cuchara de madera para miel limpia; un embudo (opcional).

Ingredientes

- 1 l de leche de soja (sin azúcar, si es posible bío y sin OGM)
- 1 cucharada de miel natural

¡ATENCIÓN!

La composición de la leche de soja debería limitarse a soja y agua. Contenido en soja mínimo del 8%.

Preparación

1. Esteriliza la cuchara. Si has optado por una cuchara de madera para miel, vierte encima agua hirviendo y después déjala secar.

2. Abre el cartón de leche de soja y vierte la miel en él (con un embudo, si es necesario). Ciérralo con una pinza. Déjalo reposar en una habitación a una temperatura comprendida entre 16 y 20 °C durante 3 horas. Es importante no sacudir el cartón durante el periodo de fermentación.

3. ¡Cuando el yogur haya cuajado, está listo para comerlo! Puedes cortar la parte superior del cartón para observar más fácilmente la textura del yogur.

4. Cúbrelo y guárdalo en la nevera. Consúmelo en los próximos 7 días.

Test sensorial

🙂 **El yogur ha cuajado, la consistencia es cremosa y la superficie es lisa: desprende buen olor** ▶ ¡Felicidades! ¡Lo has conseguido!

...

El yogur ha cuajado pero su superficie parece resquebrajada ▶ ¡Todo va bien! La fermentación puede detenerse; coloca el yogur en la nevera sin esperar más.

La consistencia es agrietada y constatas la presencia de líquido (suero) ▶ La fermentación puede haber sido demasiado larga. El sabor sin duda será menos afrutado y menos dulce, pero todavía puedes utilizar este «yogur» para adobar carne, pescado o preparar raita (**véase p. 41**). ¿O por qué no utilizarlo para hacerte una mascarilla de yogur? (**véase p. 126**)

La materia sólida y el suero forman dos capas distintas; el «yogur» huele a vinagre o a levadura. ▶ Puede ser el resultado de una fermentación con levadura demasiado activa. El suero puede utilizarse para preparar encurtidos o para aumentar el ácido láctico en otros tipos de alimentos lactofermentados.

El preparado obtenido forma burbujas ▶ Véase anteriormente.

El yogur ha cuajado pero la consistencia es un poco líquida ▶ Tu preparado quizá necesita un poco más de tiempo. Déjalo fermentar durante medio día más. Si no constatas ninguna mejora después de este tiempo suplementario, quizá es que el contenido de soja de la leche no era suficientemente importante. Sin embargo, puedes beberte este preparado o añadirlo a un smoothie.

El yogur no parece haber cuajado después de 4 o 5 días ▶ Varios factores pueden haber impedido la fermentación (calidad de los ingredientes iniciales, residuo de productos limpiadores en uno de los utensilios utilizados, etc.). Si el preparado no cuaja en absoluto, tíralo y vuelve a empezar desde el principio, quizá aumentando la cantidad de miel natural.

Yogur de coco

Equipo

Una cacerola grande; una cuchara; un tarro de cristal; una nevera portátil; una bolsa de agua caliente; papel absorbente; gomas elásticas; un termómetro (opcional).

Ingredientes

■ 25 cl de leche de coco (bío y sin aditivos) ■ 1,5 cucharada de yogur probiótico (tu yogur de soja casero, por ejemplo)

Preparación

1. Esteriliza todos los utensilios (excepto la nevera y la bolsa de agua caliente).

2. Sumerge el cartón/bote de leche de coco en el agua todavía caliente que haya servido para la esterilización. Hay que alcanzar una temperatura de unos 45 °C. Sacude de vez en cuando el cartón para asegurarte de que el calor se distribuye de manera homogénea.

Fermentación y cuajado

1. Transfiere la leche de coco al tarro de cristal. Con una cuchara esterilizada, vierte el yogur probiótico y mezcla bien. Coloca una hoja de papel absorbente sobre la parte superior del tarro y sujétalo con una goma elástica.

2. Coloca el tarro en la nevera portátil en la que habrás introducido una bolsa de agua caliente envuelta en un trapo.

No utilices agua hirviendo en la bolsa de agua caliente. Utiliza agua calentada a 50 °C aproximadamente. Para comprobar la temperatura del agua, o bien utiliza un termómetro, o bien añade agua fría al agua hirviendo.

La fermentación del yogur con leche de vaca se realiza a una temperatura ideal de 43-46 °C. Si tienes una yogurtera, puedes utilizarla a esta temperatura.

3. Cierra inmediatamente la nevera portátil y espera entre 15 y 20 horas o hasta que el preparado desprenda un olor afrutado ligeramente agrio. **No sacudas ni remuevas el preparado durante el periodo de fermentación.** En este estadio, el preparado todavía es líquido, pero es normal.

4. Mételo en la nevera durante unas 12 horas. Después de estas 12 horas, saca el tarro de la nevera y remueve el preparado con una cuchara esterilizada. Vuélvelo a meter en la nevera y déjalo cuajar 1 día o 2.

5. Guárdalo en la nevera y consúmelo antes de 7 días.

EN LA PRÁCTICA

▪ **¡Esteriliza bien tus utensilios!**

▪ Fermenta en una habitación a una temperatura entre 16 y 20 °C.

▪ **Observa los tarros:** ¡burbujas o moho pueden indicar que ha funcionado o que se ha estropeado!

CAPÍTULO 8

COCINO
MIS ALIMENTOS
LACTOFERMENTADOS

Si todo ha funcionado bien y has llegado a este capítulo, es que quizá ya tienes en tu poder cierto número de tarros llenos de alimentos lactofermentados. La idea es que no te contentes con mirarlos, sino que empieces a introducirlos en tu rutina alimentaria. Es posible que todos estos alimentos sean nuevos para ti y que te preguntes con qué salsa puedes acompañarlos en el momento de comértelos.

Para ayudarte, te presento aquí algunas ideas de recetas. En un primer tiempo, puedes inspirarte en ellas y, cuando te hayas habituado a estos alimentos lactofermentados, deja libre tu imaginación. ¡Buen provecho!

Con chucrut en salmuera

 ## Ensalada crujiente

Para 4 personas; preparación: 10 min

■ 300 g de chucrut casero ■ 1 manzana verde ■ 1 pepino ■ 1 zanahoria ■ 1 rama de apio ■ 1 a 2 cucharadas de semillas de lino molidas ■ 2 cucharaditas de zumo de limón (opcional)

1. Corta todas las frutas y verduras en juliana.

2. Con un tenedor o una cuchara limpia, toma la cantidad necesaria de chucrut del tarro. No hace falta que lo escurras, porque el jugo te proporcionará un aliño para la ensalada y, a la vez, te permitirá hacer acopio de bacterias lácticas.

3. Mezcla el chucrut y las frutas y verduras en juliana. Espolvorea con las semillas de lino.

4. Si te apetece, puedes añadir unas gotas de limón al preparado. ¡Está listo!

Los beneficios
Relaja el hígado y la vesícula biliar; reduce o aumenta el apetito, en función de tu condición; alcaliniza el pH; acompañado de materia grasa, facilita la digestión; aumenta la asimilación del calcio y los minerales.

Zumo de manzana desintoxicante

Para 1 persona; preparación: 3 min

- 1 cucharada de jugo de chucrut casero ■ 15 cl de jugo de manzana turbio o fresco

1. Filtra el jugo de chucrut con un colador de té y viértelo en un vaso.

2. Añade el jugo de manzana y remueve. ¡Está listo!

Nota: si utilizas chucrut hecho a partir de col roja, obtendrás una bonita bebida rosada.

Los beneficios
Equilibra el pH del estómago; alcaliniza la sangre; relaja y reduce el dolor de estómago.

Con chucrut tradicional

Fideos salteados a la vietnamita

Para 2 personas; preparación: 20 min

- 200 g de chucrut tradicional casero ■ 1 cucharada de aceite de sésamo o de pepitas de uva + unas gotas ■ ¼ de cebolla roja ■ ¼ de zanahoria ■ 1 diente de ajo pequeño ■ 1 cucharada colmada de camarones secos ■ 2 cucharadas colmadas de anacardos crudos ■ 60 g de fideos crudos de judías mungo ■ unas gotas de salsa de pescado tailandesa ■ 2 cucharaditas de tamarindo o mirin (aliño japonés) ■ 1 cucharada rasa de semillas de sésamo tostadas y molidas ■ cilantro fresco

1. Coloca los fideos en una ensaladera y cúbrelos de agua hirviendo. Tápalos con un plato durante 10 minutos. Escúrrelos y vierte unas gotas de aceite de sésamo para impedir que se peguen.

2. Tuesta los anacardos y después tritúralos groseramente.

3. Durante este tiempo, pon a calentar aceite en un wok a fuego moderado-fuerte. Añade el ajo y la cebolla roja picados, sin dejar de remover. Cuando la cebolla esté traslúcida, añade la zanahoria cortada en juliana y continúa la cocción durante unos minutos.

4. Añade los camarones secos y el chucrut, y déjalo cocer 2 minutos suplementarios. Saca el wok del fuego. Incorpora los fideos y vuelve a poner el wok en el fuego moderado-fuerte, remueve durante 30 segundos.

5. Una vez fuera del fuego, vierte unas gotas de salsa de pescado, el tamarindo y las semillas de sésamo molidas y remueve bien.

6. Espolvorea anacardos triturados y hojas de cilantro por encima. ¡Sirve caliente!

Nota: puedes sustituir los fideos de judías mungo por fideos de arroz, más clásicos.

Los beneficios

Los fideos son una fuente de glúcidos fáciles de digerir, sobre todo si eliges los de judías mungo o de arroz; la utilización de chucrut —en lugar de añadir directamente col cruda— aumenta el contenido de vitamina C del plato.

 Chucrut relleno

Para 2 o 3 personas; preparación y cocción: 3 h

- 500 g de chucrut escurrido (no olvides conservar el jugo)
- 1 cebolla grande ■ ½ manzana ■ 1 nuez de mantequilla
- 300 g de carne ahumada para chucrut ■ vino blanco seco
- 1 o 2 hojas de laurel ■ unos clavos y bayas de enebro
- 2-3 patatas grandes

1. Precalienta el horno a 175 °C (term. 6).

2. Funde la mantequilla en una olla grande y rehoga en ella la cebolla picada. Corta la manzana en láminas y añádela a la olla. Cuando la cebolla empiece a desprender líquido, añade el chucrut. Cúbrelo de vino y coloca las hojas de laurel, los clavos y las bayas de enebro por encima.

3. Añade los trozos de carne encima y tápalo. (Si utilizas salchichas, añádelas 30 minutos después de las patatas.) Déjalo cocer durante 1 hora y media.

4. Añade las patatas cortadas a trozos y cuece durante 1 hora más.

5. Retira del fuego. Añade un poco de jugo de chucrut. ¡Sirve caliente!

Los beneficios

Bueno para los riñones y rico en minerales; si añades jugo de chucrut antes de servir, protegerás el aspecto probiótico del chucrut casero.

Con *kimchi* tradicional

 ## Arroz salteado con *kimchi*

Para 2 personas; preparación: 15 min

- 250 g de arroz blanco o integral cocido (grano medio o corto)
- 1 huevo ■ 1 tallo de unos 20 cm de cebolla de primavera
- 1 diente de ajo ■ 70 g de edamame cocido y sin vaina
- 70 g de *kimchi* casero ■ 2 cucharaditas de aceite de sésamo
- 1 cucharadita de salsa fermentada (salsa de soja, salsa de pescado, etc.) ■ 1 pizca de pimienta

1. Bate el huevo en una ensaladera y añade el arroz, que deberá estar caliente.

> **¡ATENCIÓN!**
>
> Si utilizas un resto de arroz, tendrás que recalentarlo (al vapor o en el horno caliente), porque el arroz frío no absorbe tan bien el aceite y podrías encontrarte con un arroz demasiado aceitoso

2. Calienta a fuego intenso una sartén o un wok. Añade el aceite y el ajo finamente picado, y remueve durante unos diez segundos hasta que el ajo desprenda su aroma. Incorpora el preparado de huevo y arroz, y mezcla hasta que el arroz se vuelva aéreo.

3. Añade la cebolla de primavera finamente picada y el *kimchi* cortado en trozos pequeños, y mezcla durante 1 minuto. Vierte la salsa fermentada y mezcla cuidadosamente, procurando levantar el arroz en lugar de aplastarlo. Añade el edamame y 1 pizca de pimienta.

4. Sirve caliente, acompañado de un bol de caldo.

Los beneficios
Aporta una fuente importante de energía; gracias a la capsaicina contenida en los pimientos, el *kimchi* ayuda a quemar una cantidad mayor de calorías y aumenta el metabolismo.

Panqueques picantes salados

Para 2 personas (2-3 panqueques grandes);
preparación: 30 min; reposo: 30 min

■ 100 g de setas shiitake deshidratadas ■ 150 g de *kimchi* tradicional casero ■ 100 g de cebolla de primavera ■ 1 cucharada de aceite de sésamo ■ 1 cucharada de semillas de sésamo molidas

Para la masa de harina de trigo candeal
■ 150 g de harina de trigo candeal ■ 50 g de harina de arroz glutinoso ■ 1 huevo ■ 1 pizca de sal
o
Para una masa vegetariana, sin gluten
■ 100 g de harina de trigo glutinoso ■ 50 g de copos de puré instantáneo ■ 50 g de harina de garbanzo ■ ½ cucharadita de levadura química ■ 1 pizca de sal

Para la salsa
■ 1 cucharada de salsa de tamarindo o de soja ■ 1 cucharada de puré de tomate (o 1 zanahoria rallada) ■ ½ cucharada de vinagre balsámico ■ ½ cucharada de jarabe de arce ■ 1 pizca de pimiento en polvo (opcional)

1. Prepara la masa mezclando todos los ingredientes sólidos en una ensaladera, añade progresivamente de 25 a 30 cl de agua para la masa de trigo candeal o de 30 a 35 cl de agua para la masa sin gluten. Procura evitar que se formen grumos. Refrigera la masa 30 minutos como mínimo o, todavía mejor, 2 horas si tienes tiempo.

2. Mezcla todos los ingredientes para la salsa hasta que obtengas una textura espesa. Rehidrata las setas en un bol de agua.

3. Saca la masa de la nevera e incorpora la cebolla y el *kimchi* cortados en juliana, las setas rehidratadas y troceadas, las semillas y el aceite de sésamo. Contrariamente a la masa para panqueques clásica, esta será más líquida.

4. Pon a calentar una sartén o una sartén para crepes y vierte un poco de aceite de sésamo. Vierte después la masa de manera que cubra toda la superficie de la sartén y obtengas un panqueque de unos 7 mm de grosor. Cuécela a fuego moderado por cada lado hasta que empiece a dorarse. Repite la operación hasta que se acabe la masa.

5. ¡Corta los panqueques en trozos y mójalos en la salsa!

Los beneficios
Dado que estos panqueques utilizan menos masa que los panqueques dulces clásicos, son más ligeros para el estómago; gracias a la capsaicina contenida en los pimientos, el *kimchi* ayuda a quemar una mayor cantidad de calorías y aumenta el metabolismo; aporta una buena fuente de energía.

Con *kimchi* al agua

Ensalada refrescante de tallarines

Para 2 personas; preparación: 20 min

■ 300 a 400 g de *kimchi* al agua (con su jugo) ■ 50 g de tallarines de arroz secos ■ 1 puñado de brotes de berro (o de espinacas, etc.) ■ 1 proteína de tu elección para aderezar la ensalada (opcional): [vegano] algas wakame, un salteado de setas troceadas, etc. / [vegetariano] huevo pasado por agua / [no vegano] pecado o pollo escalfado, 1 trozo de pechuga de pavo, etcétera.

Para el aderezo

■ 1 cucharadita de aceite de sésamo ■ 1 cucharada de semillas de sésamo tostadas y después molidas ■ 1 cucharadita de jugo de manzana concentrado (o 1 cucharada de jugo de manzana fresco) ■ ½ cucharadita de zumo de limón ■ ½ cucharadita de vinagre de sidra no pasteurizado ■ 1 cucharadita de polvo de alga kombu (que puedes moler con un molinillo de café) ■ 1 pizca de pimentón o pimienta en polvo

1. Pon a cocer los tallarines de arroz siguiendo las instrucciones del producto. Acláralos con agua fría. Córtalos si es necesario y colócalos en recipientes individuales.

2. De los 300 a 400 g de *kimchi*, separa los trozos y el líquido. Necesitarás al menos 20 cl de jugo.

3. Mezcla todos los ingredientes para el aliño y dilúyelo con el jugo de *kimchi*.

4. Aderiza los tallarines con los trozos extraídos del *kimchi* y la proteína que hayas elegido. Vierte el aliño en la ensalada y sírvela de inmediato.

Los beneficios

Atenúa los síntomas de la resaca (!), acelera la curación del resfriado, estimula el apetito durante los veranos muy calurosos.

Crema cruda cremosa

Las sopas crudas son cada vez más valoradas por los adeptos al crudivorismo. Contrariamente a las sopas calientes que se hierven, el interés de la sopa cruda es que conserva las enzimas naturales activas y las bacterias beneficiosas vivas. Si comer frío no te tienta, procura no calentar la sopa a más de 50 °C. Si es una sopa del día anterior, caliéntala hasta 90 °C por razones de higiene.

Para 2 personas; preparación: 10 min

■ ½ aguacate grande bien maduro ■ 150 g de *kimchi* al agua* (sin su jugo) ■ 3 o 4 cucharadas de jugo de *kimchi* ■ 15 cl de leche de soja o de almendra ■ 1 pizca de pimienta de Cayena

1. Vierte todos los ingredientes, excepto la pimienta, en una batidora. Tritúralo todo hasta que obtengas un líquido cremoso.

2. Sirve en boles individuales y espolvorea con pimienta de Cayena.

* *Esta receta funciona especialmente bien si la preparas a partir de un* kimchi *que combine fruta y verdura: manzana y rábano, por ejemplo.*

Los beneficios
Tónico probiótico eficaz; idea de comida sencilla y rápida; facilita el tránsito intestinal.

Con pepinillos en salmuera a la polaca

 Tabulé poco clásico

El tabulé es una ensalada de perejil clásica en los países de Oriente Medio. La receta que te propongo no es fiel, pero se inspira mucho en este plato —y el perejil sigue siendo el ingrediente principal—, utiliza el sabor amargo y salado de los pepinillos a modo de aliño.

Para 4 a 6 personas, como acompañamiento;
preparación: 10 min

▪ 1 manojo grande de perejil ▪ 1 tomate pequeño ▪ 1 pepino ▪ ½ rama de apio ▪ ½ cebolla roja ▪ 80 g de pepinillos en salmuera caseros escurridos ▪ 1 cucharada de aceite de oliva ▪ 1 cucharada de coco en polvo ▪ 1 pizca de pimienta ▪ 1 cucharadita de zumo de limón (opcional) ▪ 1 pizca pequeña de sal (opcional) ▪ 1 pizca de zaatar (tomillo libanés) y/o sumac (opcional)

1. Pica el perejil y la cebolla. Saca las pepitas y corta en dados pequeños el tomate y el pepino. Corta en dados pequeños el apio y los pepinillos, y mézclalo todo en una ensaladera. Vierte el aceite de oliva y remueve bien.

2. Añade el resto de los ingredientes y mezcla.

3. Sirve acompañado de carne asada en barbacoa.

Los beneficios
Rico en vitamina C; ayuda a alcalinizar una comida acidificante (carne, pescado, salsas dulces, comidas preparadas, etc.).

Con *miso* de lentejas

Cocido vegetariano para perezosos

¡Una receta de invierno fácil y sabrosa! Por supuesto, puedes optar por la versión clásica con carne, pero, personalmente, me encanta el saborcito de carne y la energía que proporciona el *miso* de lentejas. Si utilizas una olla normal, tendrás que calcular una buena hora de cocción.

Para 4 personas; remojo: 1 noche;
preparación y cocción: 45 min

■ 1 hoja de alga kombu de unos 20 cm ■ 2 zanahorias medianas
■ 4 nabos ■ 4 cebollas blancas o marrones ■ 1 ramillete
■ 1 cucharada de aceite de oliva ■ 2 dientes de ajo ■ 2 pizcas
de sal natural ■ 4 cucharadita de *miso* de lentejas ■ perejil fresco

1. La víspera, pon en remojo la hoja de alga en 1 litro de agua y métela en la nevera durante toda la noche.

2. Cuando el agua adquiera un color amarillo pálido, el sabor umami tiene que haber «salido». Puedes sacar la hoja de la nevera.

3. Lava las verduras de raíz (conserva la piel de las zanahorias y los nabos), corta las zanahorias en tres trozos y aplasta los dientes de ajo. Conserva los nabos y las cebollas enteros. Colócalos en el fondo de una olla a presión, añade el agua de kombu y todos los demás ingredientes, excepto el *miso* de lentejas y el perejil fresco.

4. Cierra la olla a presión y ponla al fuego. Cuando empiece a salir el vapor, baja el fuego y deja cocer aproximadamente 10 minutos a fuego suave.

5. Retira la olla del fuego y deja que baje la presión. Abre la tapa y comprueba que las verduras estén blandas.

6. Sirve en boles individuales y coloca 1 cucharadita de *miso* de lentejas sobre cada una de las raciones. Espolvorea perejil finamente picado, mezcla el *miso* ¡y a la mesa! Puedes añadir *miso* de lentejas, si lo deseas.

Los beneficios

Un modo de cocción ideal para absorber al máximo las vitaminas del grupo B y los minerales contenidos en el *miso*; mejora el metabolismo; fácil de digerir; para las mujeres: mejora el equilibrio hormonal y la calidad de la piel.

Salsa de tomate leguminosamente buena

No dudes en añadir 2 o 3 cucharaditas de *miso* de lentejas a tu salsa de tomate casera habitual. El *miso* le aportará un sabor un poco más dulce y además les quitará una parte de la acidez a los tomates. Pero, si te apetece probar una nueva manera de cocinar los tomates, esta receta es para ti.

Para 1 tarro (375 ml); preparación y cocción: 3 h 30 min.

■ 10 tomates corazón de buey bien maduros ■ 4 cucharadas de aceite de sésamo ■ 1 cucharadita de sal natural ■ 6 cucharadas de *miso* de lentejas casero o de *miso* oscuro

1. Quita el pedúnculo de los tomates y córtalos a trozos.

2. Pon a calentar el aceite en una sartén o una olla. Añade los tomates y cuécelos a fuego lento. Cuando los tomates se hayan impregnado bien de aceite, sazónalos con sal.

3. Forma una bola de *miso* y colócala en el centro del lecho de tomates. No remuevas. Tápalo y déjalo cocer a fuego lento hasta que obtengas un puré de tomate un poco líquido. Puede tardar hasta 3 horas. La primera hora, los tomates desprenderán mucho jugo. La segunda hora, empezarán a descomponerse. Finalmente, se formará una crema y adquirirá una textura más homogénea.

4. Después de estas 3 horas, remueve la salsa y baja de nuevo el fuego. Continúa la cocción 30 minutos hasta que obtengas una salsa espesa. Transfiere la salsa todavía caliente a un tarro de cristal previamente esterilizado y ciérralo de inmediato, de manera que se cree una estanqueidad al vacío.

5. Una vez abierto, consúmelo antes de 2 semanas. No dudes en llenar varios tarros pequeños en lugar de uno grande, en función de tus necesidades.

TRUCOS Y ESTRATEGIAS

■ Añade esta salsa a una salsa de tomate preparada para realzar el sabor.

■ Utiliza esta salsa para una versión un poco más salada de un ketchup tradicional. Acompaña deliciosamente a un arroz pilaf o salteado.

■ Utilízala como salsa para la pasta: rehoga ajo, cebolla y buey o soja triturada y añade tu salsa leguminosamente buena.

Los beneficios

Alcalinizante; reduce los efectos de los alcaloides presentes en las verduras de la familia de las solanáceas, como el tomate.

Con *miso* de soja tradicional

Caldo rápido doblemente fermentado

Para 1 persona; preparación: 3 min

■ 1 cucharada de chucrut casero escurrido ■ 2 cucharaditas de cebolla nueva o de primavera finamente picada ■ ½ cubo de caldo de verdura (hecho en casa, si es posible) ■ ½ a 1 cucharadita rasa de *miso* casero o *miso* blanco

1. Coloca todos los ingredientes, excepto el agua, en un bol.

2. Añade 15 cl de agua caliente y mezcla cuidadosamente. ¡Está listo!

TRUCOS Y ESTRATEGIAS

Es un caldo que puedes llevarte fácilmente al trabajo para almorzar: coloca todos los ingredientes (excepto el agua) en un tarro pequeño de cristal; a la hora del almuerzo, transfiérelo a un tazón y añade el agua. ¡Ya está listo!

Los beneficios

Relaja y calienta los intestinos; aumenta el metabolismo; fácil de digerir.

Trufas con chocolate, dátiles y *miso*

¡Mi golosina dulce preferida! Cuanto más viejo sea el *miso*, mejor te saldrá esta receta. Si tu *miso* no es lo suficientemente viejo, no hay problema, ¡puedes utilizar también un *miso* blanco!

Para una decena de trufas; preparación: 30 min + refrigeración

■ 10 dátiles mabroum o medjool ■ 2 cucharaditas de manteca del fruto seco de tu elección (anacardo, almendra, cacahuete) ■ 2 a 4 cucharaditas de cacao en polvo ■ 2 cucharaditas de *miso* blanco ■ coco rallado o cacao en polvo para decorar

1. Lava y quita el hueso a los dátiles. Colócalos en una cacerola pequeña con 2 a 6 cucharadas de agua y llévala a ebullición a fuego moderado. Baja el fuego y quita la piel de los dátiles para obtener una textura más lisa. Debería salir con bastante facilidad.

2. Continúa la cocción hasta que toda el agua se haya absorbido y los dátiles empiecen a formar un puré. Añade un poco de agua si el preparado está demasiado seco. Debería tardar unos 10 minutos.

3. Transfiere la pasta de dátiles todavía caliente a un bol y añade el *miso* blanco. Incorpora la manteca de fruto seco y el cacao en polvo y mezcla bien. La pasta obtenida debería ser muy ligeramente líquida.

4. Con la ayuda de dos cucharitas, forma bolas pequeñas. Pasa las trufas por coco rallado o cacao en polvo.

5. Colócalas en la nevera al menos 1 hora antes de comerlas. Si no las devoras todas de una sentada, las trufas se conservarán 1 semana en la nevera.

Los beneficios
¡Un tentempié dulce, rico en minerales y vitaminas!

Con limones confitados con sal a la oriental

Calabacines asados

Siempre había pensado que los calabacines eran una verdura un poco sosa y que solo el pisto podía conseguir valorizarlos hasta que probé esta receta. ¡Se consiguen unos calabacines crujientes y con un máximo de sabor!

Para 2 personas; preparación y cocción: 30 min

■ 6 calabacines enanos o 2 calabacines medianos ■ 1 diente de ajo ■ 1 pizca de sal extraída del tarro de limones confitados ■ 1 cucharadita de esencia de limones confitados ■ 1 cucharada de aceite de oliva + 1 chorrito para la sartén ■ 4 rodajas de limón confitado ■ 1 cucharadita de pimienta molida

1. Corta los calabacines en dos a lo largo y colócalos en una bandeja que pueda ir al horno. Pínchalos en varios lugares y sazónalos con sal al limón en la superficie cortada. Déjalos macerar.

2. Pon a calentar el aceite en una sartén y después coloca los calabacines (con el lado cortado hacia abajo). Fríelos a fuego moderado de 5 a 7 minutos. No hace falta que les des la vuelta.

3. Durante este tiempo, mezcla el aceite de oliva y la esencia de limón. Añade el ajo previamente rallado y mezcla bien.

4. Coloca los calabacines en la bandeja de horno, con la cara cortada hacia arriba. Vierte la mezcla de aceite y esencia de limón sobre los calabacines. Sazona con pimienta y coloca 1 rodaja de limón confitado sobre cada trozo de calabacín. Gratínalos en el horno durante unos 5 minutos.

5. Tápalos con papel de aluminio y continúa la cocción de 10 a 15 minutos, según la textura de calabacín que desees (de muy a ligeramente crujiente, pero evita dejarlo reblandecer demasiado). ¡Sirve caliente!

Los beneficios

Una manera interesante de aprovechar la vitamina C abundante en los calabacines; el gratinado y la sal de los limones confitados disminuyen el sabor amargo que puede tener el calabacín; un plato que acompaña divinamente a la carne o el pescado asados o que los veganos pueden comer solo.

⊚ Pollo adobado al limón

Para 4 personas; preparación y cocción: 40 min;
adobo: 6 h

■ 4 muslos de pollo ■ 1 cebolla mediana ■ 1 cucharada de
aceite

Para el adobo
■ 6 rodajas de limones confitados con sal ■ 6 aceitunas verdes
■ 3 ciruelas ■ 3 hojas de laurel ■ 1 a 2 cucharadas de esencia
de limones confitados

1. Prepara el adobo. Añade los muslos de pollo y déjalos en
adobo durante 6 horas.

2. Precalienta el horno a 180 °C (term. 6). Pica la cebolla. Calienta
la mitad del aceite en una sartén y rehoga la cebolla hasta que
se vuelva traslúcida. Reserva.

3. Calienta el resto del aceite en una sartén y rehoga el pollo, a
fuego moderado, hasta que adquiera un bonito color dorado.

4. Coloca la cebolla y después el pollo en una bandeja que
pueda ir al horno y cúbrelos con el adobo. Tapa y mete en el
horno 30 minutos.

Los beneficios

El limón confitado ablandará el pollo. La forma de cocción (entre
el asado y el vapor) también permitirá conservar un pollo más
blando, jugoso y fácil de digerir.

Con queso de cabra fresco

Ensalada salada-dulce de queso de cabra fresco

Para 2 personas; preparación: 15 min

■ Queso de cabra fresco casero, a voluntad ■ 2 cucharadas de anacardos o piñones ■ 1 cucharada de uvas pasas, albaricoques secos o dátiles ■ 100 g de canónigos ■ 100 g de endivias ■ 1 pepino pequeño ■ 4 fresas

Para la vinagreta
■ 1 cucharadita de chutney de cebolla ■ 6 cucharaditas de vinagre balsámico ■ 1 pizca de sal rosa del Himalaya ■ 1 cucharada de aceite de oliva

1. Después de lavarlos y escurrirlos, mete los canónigos en la nevera hasta que tengas que utilizarlos, para garantizar un frescor óptimo a esta ensalada.

2. Tuesta los anacardos o los piñones. Si utilizas anacardos, colócalos después en una bolsa de congelación y aplástalos con el rodillo de pastelero.

3. Corta las endivias a trozos, el pepino en dados pequeños y las fresas en cuatro trozos. Coloca los canónigos, los frutos secos, las endivias, las frutas desecadas, el pepino y las fresas en una ensaladera y mézclalos con cuidado. Desmigaja el queso sobre la ensalada.

4. Prepara una reducción de vinagre balsámico: pon a hervir el vinagre. Cuando hierva, baja mucho el fuego y déjalo cocer hasta que obtengas una textura espesa.

5. En el momento de servir, mezcla los ingredientes para la vinagreta. Viértela sobre la ensalada o colócala aparte para que cada comensal se sirva.

Los beneficios

La vitamina C presente en las fresas, los canónigos y el pepino favorece una mejor asimilación del calcio contenido en el queso de cabra; un equilibrio perfecto de sabores: el toque salado del queso, el dulce de la fruta, la acidez del queso y de la fruta, el sabor amargo de las verduras de hoja verde.

Con queso vegano

🍥 Salsa de queso

Para atenuar la salinidad de este queso vegano, prepara una salsa añadiendo un condimento dulce.

Para 4 personas; preparación: 5 min

◾ 100 g de queso vegano de tofu ◾ 2 cucharaditas de mirin o de vino de postre dulce

1. Retira la pasta de *miso* alrededor del queso. Pasa el queso por el minipímer o a través de un colador chino muy fino para obtener una textura lisa y cremosa.

2. Añade el mirin o el vino de postre y remueve.

TRUCOS Y ESTRATEGIAS

◾ Se utiliza como dip para mojar bastoncillos de verdura.

◾ Se extiende sobre un cracker salado con una mermelada de higo.

◾ Se emplea como condimento para el arroz o la pasta.

Los beneficios

Una salsa perfecta para los intolerantes a la lactosa; contiene menos materia grasa que un queso de leche de vaca.

Con yogur de soja

Mantequilla de cultivo vegetariana

Para 4 personas; preparación: 6 h (con desuerado)

■ 3 cucharada de yogur de soja casero ■ 6 cucharadas de aceite de coco extra virgen ■ 1 cucharadita de malta de arroz o de jarabe de arce ■ 1 pizca de sal gruesa

1. Escurre el yogur de soja con cuadrados de muselina. Una vez escurrido (puede tomar media jornada), se habrá extraído el suero y solo quedará un yogur espeso y cremoso. Puedes utilizar el suero para hacer un adobo.

2. Mezcla todos los ingredientes y pásalos a un tarro limpio. Déjalo reposar en la nevera 30 minutos o hasta que la mezcla haya cuajado.

3. Sírvelo con tu bizcocho preferido. ¡Para mí, será un bizcocho de plátano!

Los beneficios
Una manera fácil de realizar una mantequilla de cultivo; excelentes propiedades antiinflamatorias gracias al aceite de coco extra virgen.

Raita de pepino

Déjate seducir por esta salsita de influencia india; sin lactosa, ¡una delicia para tus amigos intolerantes!

Para 4 personas; preparación: 10 min

■ 20 cl de yogur de soja casero ■ 1 pepino ■ ¼ de cebolla blanca ■ 6 tomates cereza ■ ½ cucharadita de comino en polvo

■ ½ cucharadita de sal natural + un poco más para frotar el pepino ■ 1 cucharadita de zumo de limón recién exprimido ■ pimienta

1. Frota el pepino con la sal sobre una tabla de cortar. Déjalo reposar. Cuando el pepino haya soltado el agua, córtalo en trocitos.

2. Pica la cebolla, corta los tomates por la mitad y colócalos en una ensaladera. Añade el yogur de soja y mezcla con cuidado. Incorpora el resto de los ingredientes, excepto el zumo de limón, y mezcla. Añade el zumo de limón. Prueba y ajusta si es necesario. El sabor del limón no debe ser demasiado intenso. ¡Consúmelo con tu curry preferido!

Los beneficios
Una salsa refrescante a base de yogur probiótico.

Con yogur de coco

Gachas divinas

Este desayuno de inspiración suiza se toma sus libertades con respecto a las gachas más tradicionales, utilizando yogur de coco casero.

Para 1 o 2 personas; preparación: 5 min + 1 noche en la nevera

■ 75 g de copos de avena ■ 4 cl de jugo de manzana ■ 20 cl de leche de almendras u otra leche vegetal ■ 1 cucharada de zumo de limón ■ 30 g de avellanas tostadas y trituradas o de almendras laminadas

Para los toppings
- Yogur de coco casero ■ bayas de goji ■ semillas de calabaza
- arándanos ■ trozos de manzana fresca y de higos secos

TRUCOS Y ESTRATEGIAS

Para los *toppings*, varía las combinaciones y las cantidades como más te guste, ¡pero no olvides añadir tu yogur de coco casero!

1. Coloca todos los ingredientes de las gachas en un bol y mézclalos bien. Déjalos inflar en la nevera toda la noche.

2. A la mañana siguiente, viértelos en boles individuales y añade los *toppings*. ¡Ñam, está listo!

Los beneficios
Muy fáciles de digerir; una excelente fuente de magnesio.

¡Aquí termina este viaje al mundo de la lactofermentación! ¡Te deseo un gran éxito en las fermentaciones, unas digestiones más fáciles y muchas cosas buenas más! ¡Convierte los alimentos lactofermentados en tu nuevo reflejo de salud y belleza!